누가 어떻게 포항지진을 만들고 불러냈나?

아시아

누가 어떻게 포항지진을 만들고 불러냈나?

포항지진촉발진상규명대응시민회의 편저

이 책은 포항EGS지열발전소가 규모 5.4 포항지진을 촉발하게 되는 '숨겨진 인재·관재'를 규명하기 위해 특별한 관심과 열정을 기울여 꾸준히 토의해온 포항 사람들의 생각을 체계적으로 정리한 것이므로 그이들의 '집단지성'이 한국사회에 내놓는 '다시는 되풀이하지 않아야 하는 인재·관재에 대한 보고서'이며 우리 국민이 '함께 알아야 하는 진실에 대한 보고서'이다.

포항지진은 은폐해온 유발지진들의 핵폭탄이었다

포항촉발지진 극복의 4가지 기본조건

"흥하라! 흥해읍!"

이것은 그냥 외침이 아니다. 피맺힌 외침이다. 절규다.

경북 포항시 북구 흥해읍은 2017년 11월 15일 발발한 규모 5.4 촉발지진의 가장 심대한 피해지역이다. 멀쩡하던 주택들은 지진에 다 갈라졌고, 복구를 기다려온 피해주민들의 일상은 지칠 대로 지쳐서 다 찢어져 있다. 흥할 '흥(興)'을 쓰는 흥해읍은 피해주민들의 애절한 절규처럼 언제쯤 다시 흥할 수 있을 것인가?

흥해 피해주민 대표 세 사람이 2019년 7월 9일부터 상경 1인 시위에 돌입했다. 김홍제, 임종백, 김길현 씨. 이들은 청년이 아니다. 회갑

노 넘어선 가장(家長)이다. 징당한 분노를 평화적이고 헌신적으로 표현할 줄 아는 시민이기도 하다.

1인 시위의 위치는 청와대 앞, 국회 앞, 그리고 광화문. 발등에서 가슴까지 올라온 직사각형 간판 같은 큼직한 피켓에 '아무것도 모르던 상태에서 억울하게 지진을 얻어맞은' 민초들의 절규가 새겨져 있었다.

정부는 사과하고 배상하라!
정부는 촉발지진 책임자 처벌하라!
국회는 포항지진 특별법 제정하라!

피켓에 새겨진 절규는 2019년 뜨거운 여름날의 포항 민심이기도 하다. 촉발지진의 심각한 후유증에 시달리고 있는 포항시민의 핵심 요구사항인 것이다. 하나 더 추가할 것이 있다.

감사원은 엄정하고 신속하게 감사하라!

첫째, 이명박-박근혜-문재인정부로 이어진 정부의 과실과 책임에 대해 먼저 정부가 정중한 사과부터 하고 합당한 피해보상과 재건 대책을 세우라.

둘째, 지하 4.3㎞의 고열을 활용하는 지열발전소 건설에서 반드시 지켜야 하는 필수조건이 단층대를 회피하는 것인데, 관련 기관들은 기존 논문에 밝혀져 있던 단층대를 무시했고 지열정 굴착 공사 중에 단층대를 알려주는 '이수 누출'이라는 과학적 현상이 나타났음에도 깔아뭉갰을 뿐만 아니라 수리자극(지하 4.3㎞의 지열정 속으로 물을 고압

포항시 북구 흥해읍 피해주민의 청와대 앞 1인 시위. 〈사진 제공 폴리뉴스〉

으로 주입하는 것) 때문에 발생한 63회 유발지진들도 철저히 은폐함으로써 포항시민이 지열발전소 문제를 공론에 부칠 기회마저 원천적으로 봉쇄했으니, 이와 관련된 책임자들을 문책하라.

셋째, 국회는 하루빨리 '포항지진 특별법'을 제정하여 피해주민들과 포항지역이 지진 후유증을 극복하고 더 희망찬 미래로 나아갈 수 있는 법적 근거를 마련하라.

넷째, 감사원은 포항시민들이 청구한 국민감사를 뒤늦게라도 인용했으니 엄정하고 신속하게 감사해서 모든 의혹을 남김없이 밝혀내라.

이들 네 가지는 포항지역이 "최악의 인재(人災)요 관재(官災)"인 촉발 지진의 후유증에서 벗어나고 흥해읍이 다시 '흥'하기 위하여 반드시 갖춰야 하는 기본조건이다.

포항지열발전소 프로젝트는 이명박정부의 지식경제부(장관 최경환, 현 산업통상자원부)에서 흥해 지역에는 양산단층 외에도 곡강단층, 흥해단층, 형산단층 등이 존재한다는 기존 연구조사를 무시하고 단층 위에다 지열발전소를 건설하자고 성급하게 결정했던 국책사업이다. 흥해 피해주민 대표 세 사람이 무더위를 무릅쓰고 서울에서 1인 시위에 돌입했지만, 참으로 공교롭게도 흥해읍은 이명박 전 대통령의 고향이기도 하다.

포항지진은 은폐해온 유발지진들의 핵폭탄이었다

인간이 큰 지진을 만들 수 있나? 관청이 큰 지진을 불러낼 수 있나? 대뜸 불가능한 일이라고 생각할 것이다. 그러나 인간의 탐욕과 관청의 방조가 은밀히 결합하면 그런 엄청난 사태를 일으킬 수도 있다. 이 전형적 사례가 바로 '포항지열발전소의 은폐해온 유발지진들이 촉발한 2017년 11월 15일 규모 5.4 포항지진'이었다.

포항에는 대한민국 산업화 성공의 상징으로 꼽히는 포항제철(현 포스코)에 삶을 바친 사람들의 상당수가 인생의 황혼을 소일하며 살아가고 있다. 제철소 건설에 직접 기여한 이도 적지 않다. '포항지열발전소 건설과 포항지진 발발의 연관성'을 챙겨본 그들은 탄식을 누르지 못한다.

"박태준 회장과 포항제철 창업세대의 탁월한 유산이 현재 한국사회의 실용 자산으로 포항에 건재하고 있다. 포항제철소다. 이것은 한마디로 한국의 건설 역사에서 완벽주의의 걸작품이다. 완벽주의의 두 기둥은 철저한 원칙준수와 부실추방이었다. 이러한 포항에 어떻게 그러한 완벽주의를 완벽하게 배반한 포항지열발전소 따위가 감쪽같이 건설될 수 있었나. 기가 막힐 노릇이다."

이 탄식에 튀어나온 '감쪽같이'라는 말은 통용되는 의미와 다르다. 포항지열발전소 업자들, 관계 기관들, 관계 학자들이 '철저히 은폐해온 포항지열발전소의 수많은 유발지진들'을 뜻한다.

2017년 4월 15일 포항지열발전소에는 초고압 3차 수리자극이 규모 3.1 유발지진을 일으켰다. 그때 어떻게 해야 했나? '관리 방안'이 마련 돼 있었다. 그에 따라 산업통상자원부, 포항시청, 한국에너지기술평 가원, 기상청 등에 알려야 했다. 특히 중요한 일이 포항시에 통보하는 것이었다. 그러나 실행하지 않은 것으로 알려져 있다. 오른쪽의 '자료 (이메일 공문 보고)'를 통해 확인할 수 있듯이 에너지기술평가원을 거쳐 산업통상자원부에 보고됐다.

규모 3.1 유발지진마저 지역사회에 은폐한 것은 매우 엄중한 직무 유기였다. '확실한 위험 신호'를 포항시민에게 알려주지 않음으로써 시민의 힘으로 '닥쳐오는 재앙'을 막아낼 기회를 담배연기처럼 날려버 린 것이었기 때문이다. 그 앞에 발생한 숱한 유발지진들도 계속 은폐 해왔으니 또다시 은폐한 것은 습관이라고 하더라도, 아무리 그렇지만 그때는 '원칙과 안전'이란 말을 떠올려야 했다. 설령 자기들끼리만 쑥 덕공론을 벌일지언정 "모든 작업을 중지하고 정밀지질조사에 착수해 야 한다"는 의견을 모아야 했다.

2017년 5월 10일 문재인정부가 출범하고, 박근혜정부의 주형환 산 업통상자원부 장관이 그 자리를 유지하는 가운데, 7월 3일 신재생에 너지 분야 전문가로 알려진 백운규 교수가 신임 산업통상자원부 장관 후보자로 지명되었다. 그리고 포항지열발전소는 '유럽의 수리자극 신기 술을 실험해 본다'면서 8월 7일부터 14일까지 일주일 동안 4차 수리자 극, 8월 30일부터 9월 28일까지 한 달 동안 5차 수리자극을 실시한다.

2017년 4월 15일(토) 포항지열발전소에서 규모 3.1 유발지진이 발생하자 이틀 뒤(월) 한국에너지기술평가원 연구원이 (주)넥스지오로부터 받은 보고를 산업통상자원부 담당 사무관에게 다시 보고한 이메일

[에기평_신재생실] 포항 지진발생으로 인한 지열발전과제현황 공유 드립니다.

보낸사람 : " ○○○ "<aws7@ketep.re.kr>
보낸날짜 : 2017/04/17 월요일 오전 10:32:34
받는사람 : " ○○○ 사무관님"<hit21@motie.go.kr> → 받는 사람 : ○○○ 사무관님
참조 : " ○○○ "<mailcode@ketep.re.kr> " ○○○ "<jimilee@ketep.re.kr> " ○○○ "<jaein@ketep.re.kr> "○○○"<sujui@ketep.re.kr>

📎 GC15-R01-237_넥스지오_MW급 지열발전_0417(공문최종).pdf [192.28KB]

안녕하세요 사무관님~~

지난 토요일(15일) 포항지역의 진도 3.1규모 1차례, 2.0규모 1차례 등 총 2차례 지진이 발생하였습니다.

그에 대응한 '넥스지오' 주관 지열발전연구과제의 현황 공유 드립니다.

----

1. 지진발생 : 4월 15일(토) 오전 11시30분경(진도3.1규모)

 - 과제현장에서 2km 서북서 방향(기상청 발표기준)

2. 과제현황

 - 지진발생 즉시 평가원 담당자에게 현황보고

 - **추가 지진 위험으로 인한 수리자극 중단 및 배수 시작**

 - 추후 지속적인 모니터링을 통한 대응 예정

자세한 사항은 첨부파일에 담겨있으며, 유선연락드리고 현황 간단히 설명드리겠습니다.

부득이하게 과제 진행사항이 지연될것이라 판단됩니다. 감사합니다.

 → 부득이하게 과제 진행 사항이 지연될 것이라 판단됩니다.

- ○○○ 드림

한국에너지기술평가원 → 보낸 사람 : 한국에너지기술평가원 연구원 ○○○

기술개발본부 신재생에너지실 연구원 ○○○
내선: 02-3469-8438 이메일: aws7@ketep.re.kr
우) 135-502 서울 강남구 테헤란로 114길 14

모든 작업을 멈추고 포항시민에게 유발지진들이 발생한 사실을 알린 상태에서 정밀조사를 실시해야 했던 포항지열발전소가 '신재생 에너지'의 신기루를 정신없이 쳐다보는 것처럼 거꾸로 초고압 물 주입을 강행하고 있던 9월 3일, 북한 풍계리 일대에 규모 5.7 지진이 일어났다고 한국 기상청이 발표했다. 북한의 6차 핵실험이 유발한 인공지진이었다. 그로부터 두 달쯤 지난 11월 15일 포항지열발전소에서 규모 5.4 지진이 터져 버렸다. 규모 5.6이라고 발표한 해외 전문기관도 있었다.

규모 5.7 지진을 유발한 핵폭탄의 위력은 어느 정도일까?

기상청이 발표한 리히터 규모 5.7 지진을 기준으로 국방부는 폭발력을 약 50kt(킬로톤) 수준으로 예측했다. … 일본에 떨어진 두 차례 핵폭탄과 비교해도 3배가량 높은 위력이다.

― 김동엽(경남대 극동문제연구소), 《한겨레21》 제1179호.

지진에서 규모 0.1이 높아지면 위력은 40% 정도 증대한다고 한다. 포항지진은 규모 5.4 내지 5.6이다. 아니, 그냥 5.4라고 하자. 그런데 규모 5.4 포항지진이 2016년 9월 12일의 규모 5.8 경주지진보다 훨씬 더 심각한 피해를 초래했다. 이렇게 따져보면 히로시마와 나가사키에 떨어졌던 두 핵폭탄을 합친 것보다 3배쯤 강력한 핵폭탄이 포항지열발전소 땅속에서 터져버렸다는 계산이 성립한다. 그래서 포항에는 다음과 같은 비분강개의 목소리도 있다.

"포항지열발전소에서는 수리자극으로 63회 유발지진들이 발생했다고 밝혀졌다. 그러나 업자들, 관계 기관들, 관계 학자들이 하나로 뭉쳐서 그 위험 경고를 철저히 무시하고 은폐했다. 그러자 참다못한 유발지진들이 저희끼리 한 덩어리로 똘똘 뭉친 핵폭탄이 되어서는 '에라 이 나쁜 놈들아, 너희가 책임져라!' 하듯이 스스로 터져버렸던 거다."

이것이 진짜 연관성이다. '포항지진은 포항지열발전소의 유발지진들이 촉발한 지진'이라는 것이 양심적인 지질학자들과 정부조사단의 공식적인 결론이고 법정이 인용할 과학적 근거이지만, 과학의 눈으로 밝혀낼 수 없는, 또는 과학의 눈이 밝혀낸 그 원인의 원인이라고 할 수 있는, 포항지진의 '가장 근본적인 원인'은 핵폭탄 비유의 그 말에 담겨 있다.

포항지진은 막을 수 있었던 인재요 관재였다

원칙준수와 부실추방을 '완벽하게 배반하는 건설'이 자행된 포항지열발전소는 어떤 중대한 것들을 숨기고 있었는가? 다시 말해 규모

5.4 포항촉발지진을 누가 어떻게 만들고 불러냈는가? 그래서 포항시진에 대한 책임을 누가 어떻게 짊어져야 하는가?

결론은 다음의 두 문장이다.

포항지진은 인재요 관재였다.
포항지진은 충분히 막을 수 있었다.

이것이 규모 5.4 포항지진의 원인에 관한 진실이다. 은폐해온 사실들은 그 진실을 구성하는 다양한 요소들이다. 2019년 3월 20일 정부조사단이 일 년 남짓 노력을 기울인 끝에 발표한 "규모 5.4 포항지진은 포항지열발전소의 유발지진들이 촉발한 지진이었다"라는 결론은 "포항지진이 인재요 관재였으며 충분히 막을 수 있었다"라는 정당한 주장에 대한 과학적 공증과 법률적 근거에 불과하다.

정부조사단의 조사연구는 포항지열발전소를 둘러싼 일확천금의 대박욕망이 원칙과 양심을 멀리하고 부실과 부정을 불러들인 온갖 난맥상을 밝혀내는 것과는 아무런 상관이 없었을 뿐만 아니라, 관련 공무원들의 무사안일주의와 행정편의주의, 직무태만과 직무유기에 대해서는 아예 시선조차 보낼 수 없었던 일이다. 그래서 "어떤 인간들이 어떻게 포항지진을 만들고 불러냈는가?"라는 질문에는 대답을 내놓을 수 없었다. 그야말로 포항지열발전소 개발 사업이 규모 5.4 지진을 일으키게 되는 원인과 과정을 추적하는 과학적 행위에만 국한되었다. 인명 훼손에 대한 범죄수사에 비유하자면, 그들의 과학적 공증은 '국립과학수사연구원의 부검 결과'에 해당되는 격이다.

포항시민은 정부조사단의 발표만 기다리지 않았다. 규모 5.4 포항지진 1주년을 맞은 2018년 11월 14일 "그래도 감사원은 믿어보자"라는 심정을 모아 감사원에 국민감사청구(분류번호 2018-국민-029)를 청원했다. 이 책의 6장에 그 전문을 게재하지만, 우선 '감사청구요지'를 보면 다음과 같다.

1) 산업통상자원부가 외국에서 개발한 EGS 지열발전 기술을 한국에 처음 적용할 때는 외국 선례들의 유용성뿐만 아니라 수반될 문제와 위험성 및 그 대처방안에 대한 사전조사를 자체 또는 용역으로 반드시 실시했을 것이지만, 포항지열발전소의 경우에 유발지진이 63회나 발생했음에도 불구하고 사전에 인지했던 유발지진 발생의 '문제와 위험성'에 대한 대처방안을 전혀 실행하지 않았으며 오히려 유발지진들의 발생 사실을 철저히 은폐하고 방치함.

2) 2017년 11월 15일 규모 5.4 포항 지진이 발생한 직후에도 유발지진들의 발생 사실을 전혀 모르고 있었던 포항시민은 민주평화당 윤영일 국회의원이 산업통상자원부와 기상청에 관련 자료를 요청해 공지함으로써 최초로 알게 되었으며, 이후 산업통상사원부는 포항시민의 관련 자료 공개 요청을 현재까지도 묵살하고 있음.

3) 지방정부는 중앙정부의 위임을 받아 행정한다는 원칙에 따라 산업통상자원부는 마땅히 포항지열발전소 관할 지방정부인 포항시에게 유발지진 발생 사실들을 통지해야 했음에도 불구하고 왜 한 번도

통지하지 않았는가에 대해 포항시민은 도저히 이해할 수 없고 묵과할 수 없음.

4) 2017년 4월 15일에는 규모 5.4 포항지진의 진앙지인 포항지열발전소의 바로 그 지점에서 규모 3.1 유발지진이 발생하여 모든 포항시민이 깜짝 놀란 일이 발생했으나 어느 기관에서도 포항지열발전소의 유발지진임을 공지하지 않았으며, 모든 시민이 2016년 9월 12일에 발생했던 규모 5.8 경주지진의 '여진'(1년 넘도록 500회 이상 발생)이라고 생각하도록 완전히 기망함.

5) 수능시험까지 긴급 연기시킨 규모 5.4 포항지진 발생 후 언론은 포항지열발전소에서 용역을 맡긴 중국 업체 유니온페트로의 지하 생산구 물주입 수압이 규정을 엄청나게 초월한 것으로, 세계 지열발전소들 중 초유의 초고압(프랑스 솔츠 지열발전소의 6배)이었다는 사실을 보도했는데, EGS 지열발전의 유발지진은 물주입 수압과 주입 수량의 수리자극에 의해 촉발되는 것으로 알려져 있음.

이상 5가지 의혹만 통찰해도 포항시민이 짊어진 지진 피해와 고통은 헌법 제7조의 '공무원은 국민 전체에 대한 봉사자이며, 국민에 대하여 책임을 진다'를 위배한 관련 공무원들의 관료우월주의적, 관료편의주의적 직무유기와 직무태만이 초래한 인재(人災)에 해당할 것임.

보통 접수된 날로부터 한 달 이내에 감사실시 여부(인용 또는 기각)를 결정한다는 감사원 홈페이지의 안내문과는 달리 한 달을 넘긴 즈음에 대표 청구인(임해도) 앞으로 "서면조사 등의 사유"로 감사실시 여부 결정을 연기하게 된다는 서면통지가 도착하더니, 정부조사단의 발표가 나오고 다시 한 달을 더 넘긴 2019년 4월 하순에 "감사를 실시하기로 결정"했다는 서면통지가 대표 청구인 주소에 도착했다.

2019년 3월 20일 정부조사단이 과학적으로 공증하는 '결과'를 발표한 직후부터 모든 언론과 국회가 한목소리로 '포항지진의 인재'를 규탄해온 포항시민의 대열에 합류했다. 3월 22일 이낙연 국무총리가 국회에 출석해 "포항지진에 대한 특별감사"를 요구하는 더불어민주당 송갑석 의원의 대정부질의에 대해 "현재 산업통상자원부의 자체 감사요청과 포항 피해주민들의 국민감사청구가 감사원에 접수돼 있고 감사원에서 4월 중에는 그 실시 여부를 결정할 것으로 알고 있다"라는 답변을 내놓았다. 물론 국민감사청구는 통상의 경우보다 4개월쯤 실시 여부에 대한 답변이 지연된 포항시민의 청원을 가리키는 것이었다.

국무총리보다 하루 앞서 성윤모 산업통상자원부 장관이 국회에 출석했다. 그는 포항지열발전소와 포항지진에 관해 "지열발전 상용화 기술개발 진행 과정, 부지 선정의 적정성 여부에 대해 엄중히 조사하겠다"고 답변했다. 이때 포항의 시민단체가 지체 없이 논평을 발표했다.

포항시민은 오늘 성윤모 산자부 장관이 국회에서 답변한 대로 포항지열발전소 부지 선정, 업자 선정의 적정성 여부에 대해서도 엄중한 조사를 실시해야 한다고 주장한다. 그런데 그런 조사에 앞서 산자부가 즉각 행동해야 하는 두 가지가 있다. 하나는 규모 3.1 유발지진을 비롯해 포항지열발전소 수리자극 때문에 발생했던 63회 유발지진들을 철저히 은폐해온 이유를 사실 그대로 밝히는 것이며, 또 하나는 그 은폐에 대해서도 즉각 엄중한 조사를 실행하는 것이다.

3월 21일 성윤모 장관의 국회 답변에도 드러났지만 산업통상자원부는 정부조사단의 발표 후 기민하게 "사업자 선정 과정, 부지 선정 과정에 대해 감사원 감사를 요청하겠다"고 천명했다. 여기서는 관료 세계의 또 다른 잔꾀를 엿볼 수 있다. 그들이 요청한다는 그 감사는 물론 반드시 필요한 일이지만, 왜 거기에만 한정했는가? '문재인정부'의 산업통상자원부가 출범한 뒤에도 포항지열발전소의 유발지진들은 계속 숨겨져 있었고 그 은폐 위에서 4차, 5차 수리자극을 강행했는데, 이 중대한 의혹은 왜 '셀프 감사 요청'에서 제외했는가? 아, 그 문제는 포항시민의 국민감사청구에 포함돼 있다는 점을 알고 있어서 굳이 수고스럽게 이중 요청은 하지 않겠다는 것이었는가?

산업통상자원부의 셀프 감사 요청은 포항지열발전소도 과거 정권이 저질렀던 '적폐'의 하나로 찍어 '적폐청산'의 대상으로 삼겠다는 냄새를 풍겼다. 포항촉발지진의 원인을 적폐청산 대상으로 규정하는 것은 바람직한 일이다. 원칙을 저버리고 부실에 기울어진 국책사업은 당연히 청산해야 하는 적폐이기 때문이다. 그러나 '포항지열발전소와 포항지진의 연관성' 문제는 이명박-박근혜-문재인정부로 이어져 있다는 점을 그들도 제대로 인식해야 하며, 그래야만 아주 늦었으나 '은폐의 유혹'에서 벗어날 수 있다.

정부조사단의 발표는 포항지역에도 새로운 전기를 불러왔다. 포항 지열발전소 건설이 규모 5.4 포항지진을 촉발했다는 사실에 대한 과학적 공증이 공표됐으니 '지진도시'라는 누명과 오명에서 벗어나 다시 희망찬 미래로 나아가기 위한 시민의 역량을 결집할 새로운 운동체계를 갖춰야 한다는 공감대가 형성되었다. 포항시민은 3월 23일 '포항 11·15범시민대책위원회'를 조직했다.

서둘러 꾸려낸 만큼 그 첫걸음은 조금 불안했지만 이내 시민들의 뜻을 규합하는 걸음걸이를 바로잡았다. 공동대표는 이대공(애린복지재단 이사장), 허상호(포항지역발전협의회장), 공원식(전 경상북도 정무부지사), 김재동(포항상공회의소 회장)이 선출되고, 실무지원단장은 임성남(언론인)이 맡았다. 범대위는 포항지진 특별법 제정을 위한 청원운동, 포항시내 가두시위, 세종시 산업통상자원부 항의방문, 국회 방문, 1인 시위(청와대 앞, 국회 앞, 광화문) 등 시민행동을 이끌어나가면서 무엇보다도 '포항지진 특별법'의 조속한 제정을 위해 총력을 기울이는 중이다.

시민적 차원의 진상규명 활동이나 향후 법적 대응의 문제는 어떻게 해야 하는가? 이 빈틈을 메우려는 작은 모임이 '포항지진촉발진상규명대응시민회의'이다.

'미소진동'은 틀린 말이고 '미소지진'이 맞는 말이다

왜 정부가 직접 조사연구단을 조직해 '포항지진의 원인 규명'에 나서야 했는가? '포항지열발전소 건설과 포항지진은 연관성이 있다'라는 소수 학자들의 주장을 왜 정부는 진지하게 받아들여야 했는가? 여러 요인들이 있을 수 있지만, 맨 먼저 생각할 것은 포항지열발전소가 '국책사업'이라는 사실이다. 이것은 2011년 4월 26일 포항시와 ㈜넥스지오가 체결한 〈업무협약서〉의 전문(前文)에 분명하게 나타나 있다.

포항시(이하 "갑")와 지식경제부의 재원으로 한국에너지기술평가원이 지원하는 "MW급 지열발전 상용화 기술개발" 사업의 주관기관인 ㈜넥스지오(이하 "을")는 포항시 내에서 지열에너지 개발·보급을 위한 MW급 지열발전 상용화 기술개발을 성공적으로 수행하기 위하여 다음과 같이 업무협약을 체결한다.

이렇게 "지식경제부(현 산업통상자원부)의 재원으로"라는 말을 명시한 국책사업 협약서에 이미 '정직하지 못한 명칭(개념어, 이름)'이 등장해 있었다. 미리 그것을 바로잡아 두기로 한다. 일찍이 공자(孔子) 선생도 '정명(正名)'의 중요성을 강조했지만, 명칭을 속이는 짓은 흔히 진실을 왜곡하거나 은폐하려는 비열한 저의를 감추고 있다.

좀 더 설명을 보태면, 포항지열발전 프로젝트는 ㈜넥스지오 컨소시엄이 수탁한 국책사업이었다. 정부 출연 연구기관인 한국지질자원연구원, 한국건설기술연구원도 주요 구성원이었다. 특히 한국지질자원연구원은 지질 분야에 전문성이 높다. 그런데 처음부터 아주 중요한 '명(名)'을 왜곡하고 있었다.

그것이 '미소진동'이다.

포항시와 넥스지오의 업무협약서 중 제5조는 '협약 해지'를 하게 되는 경우들을 규정한 것인데 그 2항에 '진동'이란 단어가 등장한다.

본 사업의 직접적인 원인으로 주민 및 시설의 안전을 위협할 수준의 진동 피해가 발생한 경우

이 조항의 '진동'을 포항지열발전소에서는 시종일관 '미소진동'이라 불렀다. 지질학계는 '미소진동'이라는 용어를 쓰지 않는다. '미소지진'이라 칭한다. '미소진동'이라는 신조어 작명은 수리자극의 수압을 세계 모든 지열발전소를 통틀어 전대미문의 초고압으로 끌어올렸던 그들 중 누군가가 수리자극 이전 단계에서 이미 '잔꾀'를 부렸던 것이라고 할 수 있다. 지열발전소 수리자극이 유발하는 작은 규모의 지진에 굳이 '미소'를 붙이겠다면 '미소지진'이라 해야 맞다.

'진동(vibration)'과 '지진(seismicity)'이 어찌 같을 수 있는가? 벽에 못질을 할 때는 '진동'이 생기지만 '지진'이 발생할 때는 크든 작든 건물 전체에 영향을 끼친다. 포항지열발전소 수리자극이 유발한 규모 1.7 지진이나 규모 1.9 지진을 듣기에 나쁘지 않도록 '미소진동'이라고

불러봤자 그것들도 규모 2.3 유발지진이나 규모 2.5 유발지진과 마찬가지로 '미소지진(microseismicity)'인 것이다.

'미소진동'쯤이야 얼마든지 깔아뭉개도 아무런 말썽을 일으키지 않는다고 확신했는지 착각했는지 직무태만이나 직무유기로 그리했는지 조사를 해봐야 알겠지만 그러한 업자들, 공무원들, 학자들이 2012년 9월 25일 햇볕 좋은 포항시 북구 흥해읍 남송리의 아늑한 자리에 속속 모여들었다. MW급 지열발전 상용화 기술개발 기공식, 즉 포항 EGS지열발전소 기공식이 열린 것이었다.

어느 누구도 '지진'이란 단어를 사용하지 않는 그 자리의 의미에 대해, 한국 최초를 넘어 아시아 최초로 EGS지열발전 상용화 기술 개발을 시작한다는 의미에 대해 지식경제부(현 산업통상자원부)는 "신재생에너지의 새로운 강자가 등장"했다며 "지열발전은 기상이변에 관계없이 항시 전력을 생산할 수 있어 앞으로 전력 수급 안정에 크게 기여할 수 있는 대안 중 하나가 될 것"이라고 한껏 부추겨세웠다.

사실 그때는 기공식을 가질 것이 아니라 '진동'을 버리고 '지진'을 염려하는 가운데 그곳 땅속에 "단층이 있는가?"에 대해 열심히 탐사해보아야 하는 시점이었지만 ……

1장 포항지진은 인재요 관재였다

대대로 포항은 지진 안전지대

포항지역, 특히 포항지열발전소가 위치한 포항시 흥해읍 한동대학교 인근을 포함해 본디 포항지역은 지진 안전지대이다. 2018년 서울대학교 민기복 교수 외 8인이 국제 학술지 *Renewal and Sustainable Energy Reviews*에 게재한 논문 「Protocol for induced microseismicity in the first enhanced geothermal systems project in Pohang, Korea 2018」에 의하면, 1978년 9월 2일부터 2015년 12월까지 38년간 측정한 결과 전국적으로 규모 2.0 이상의 지진이 406회 발생했으나 포항지역은 단 3회에 불과했다. 물론 그 3회도 '미소지진'의 수준이었다. 어느 것이든 진앙지는 흥해읍이 아니었다. 가령, 1988년 1월 24일 규모 2.9 지진의 진원지는 포항시 북구 북서쪽 23㎞ 지역이었다.

포항지열발전소와 분리할 수 없는 5개 기관(한국지질자원연구원, 건설연구원, 서울대학교, 넥스지오, 이노지오테크놀로지)이 2015년 공동 명의로 만든 보고서 『포항 EGS 프로젝트 미소진동 관리 방안』에도 포항시 북구가 지진 안전지대라는 진술이 나와 있다.

지진 이력의 최근 경향을 파악하기 위해 1978년부터 현재까지 최근 38년 동안의 국내 전체와 포항 EGS 부지가 위치한 포항 북구에서의 지진 발생 자료를 취득하였다. 자료는 NECIS 홈페이지에서 1978년부터 2015년까지의 규모 0 이상, 9 이하의 지진에 대한 통계자료를 이용하였다. … 같은 기간 동안 국내에서 발생한 지진의 발생횟수는 1,660회이며 포항 북구에서 발생한 지진의 발생횟수는 7회였다. 국내 면적은 99,720㎢, 포항 북구의 면적은 약 735㎢이므로 단위 면적당 지진발생 횟수는 국내 전체는 0.017회/㎢, 포항 북구는 0.001회/㎢로 포항 북구가 더 낮게 나타났다.

지진의 발생 횟수에서 포항 북구는 국내 전체와 비교하면 '17분의 1'에 불과하다. 그러니까 "더 낮게 나타났다"가 아니라 "훨씬 더 낮게 나타났다"라고 표현해야 맞다.

대대로 포항은 지진 안전지대이다. 고대의 지진 발생을 기록해둔 『삼국사기』에도 포항을 가리키는 지명은 등장하지 않는다. 『삼국유사』의 「기이편」에는 요즘 읽어봐도 한국인의 자긍심을 자극해주는,

포항 영일만과 포항시 동해면을 '구체적 고대 지명'으로 적시한 배경의 '연오랑 세오녀' 설화가 등장한다. 연오랑과 세오녀가 일본으로 건너가 왕과 왕비가 되었다는 이야기이며, 이와 유사한 설화는 일본 이즈모(出雲)시에도 전해져 내려온다. 하지만 포항 방면에서 지진이 발생했다는 기록은 찾아볼 수 없다.

불과 몇 년 전까지만 해도 포항은 정주 여건의 평판이 좋은 편이었다. 바다 좋고 해물 좋고 산 좋고 나물 좋고 공기 좋고 문화유산 많고 KTX열차 덕분에 서울 접근성도 괜찮은 지역이라는 말에 굳이 이의를 제기할 사람은 드물었다.

이러한 포항이 어느 날 갑자기 졸지에 '지진도시'라는 오명을 덮어쓰게 되었다. 2017년 11월 15일 발발해 수능시험일까지 전격적으로 연기하게 만든 규모 5.4 포항지진이 1905년 시작된 우리나라의 지진 관측 이후 가장 심각한 피해를 초래했기 때문이다. 2016년 9월 12일 일어난 경주지진(규모 5.8)보다 밑이었으나 피해가 더 심각했으니 더 강렬한 인상을 남기게 되었다.

그러나 포항지진에는 포항지열발전소 개발이 숨겨져 있었다. 지진이 터진 당일까지만 해도 포항시민이 몰랐고 우리 국민이 몰랐던 사실이었다. 포항지열발전소는 포항지진 발발 후 비로소 언론의 조명을 받았다. 관련 업자들, 관련 기관들, 관련 학자들로서는 계속 덮고 싶었겠으나 더 이상 덮을 수 없는 상황으로 치달았다. 핵폭탄 같은 지진이 지하에서 터졌으니 어느 누구도 섣불리 수습할 수 없는 사태였다.

《사이언스》 논문과 정부조사단의 결론은 다르지 않았다

진실을 감추기는 쉬우나 감춘 진실을 찾아내기란 얼마나 어려운가?
포항시민이 국책사업에 대한 정부의 과실 책임을 따지며 피해 보상을
외쳤다. 뒤늦게 산업통상자원부가 세금을 들여 '규모 5.4 포항지진과
포항지열발전소의 연관성'을 조사하고 연구하는 '포항지진 정부조사
연구단'을 발족했다. 이 프로젝트를 대한지질학회가 맡았다. 공정성과
전문성을 더 높이는 차원에서 해외 지질학자 5인도 포함했다.

일 년 남짓 활동한 정부조사단이 2019년 3월 20일 서울 프레스센
터에서 결과를 발표했다.

정부조사연구단의 결과발표, 2019년 3월 20일 한국프레스센터.

포항지진은 포항지열발전소의 유발지진들이 촉발한 것이라고 확신

하면서도 마음 한편에 조마조마한 불안감을 품은 포항시민들이 새벽부터 관광버스로 올라와 발표장을 가득 채웠다.

막이 오른 순간에는 일촉즉발의 긴장감마저 감돌았다. 먼저 해외교수단 대표가 발표했다. 영어를 못 알아듣는 사람들도 고개를 끄덕였다. 핵심은 알아차린 것이었다. 박수가 터졌다. 눈물을 흘리는 피해주민도 있었다.

다음, 이강근 단장(대한지질학회장, 서울대 지구환경학과 교수)이 마이크를 잡았다. 그의 첫마디는 "해외 교수단의 조사결과와 완전히 일치한다"라는 선언이었다. 피해주민들, 포항시민들은 더 듣지 않아도 됐지만 감사의 마음을 표하듯이 어려운 용어와 알 수 없는 그림들을 착한학생마냥 그저 얌전히 쳐다볼 따름이었다.

정부조사단 보고서의 초록은 앞부분에 결론을 놓고 있다.

주요 연구 결과들을 종합 분석하여 포항지진과 지열발전 실증연구 프로젝트의 연관성 및 포항지진의 원인에 관하여 다음과 같이 판단하였다.

지열발전 실증연구 수행 중 지열정 굴착과 두 지열정(PX-1, PX-2)을 이용한 수리자극이 시행되었고, 굴착시 발생한 이수 누출과 PX-2를 통한 공극압이 포항지진 단층면 상에 남서방향으로 깊어지는 심도의 유발지진들을 순차적으로 유발시켰다. 시간의 경과에 따라 결과적으로 그 영향이 본진의 진원 위치에 도달되고 누적되어 거의 임계상태에 있었던 단층에서 포항지진이 촉발되었다.

'지열발전 실증연구 프로젝트'란 말은 산업통상자원부, 에너시기술평가원 등이 포항에서 한국 최초로 실험성을 내포한 지열발전소를 건설하면서 무슨 실험연구라도 수행하는 것처럼 그렇게 작명했으나 실제는 포항지열발전소를 건설한 것이었으니 그냥 '포항지열발전소 건설'이라고 받아들이면 되는데, 일반시민에겐 낯선 용어 몇 개가 얼른 눈에 걸린다.

'지열정'이란 지열발전에 필요한 '우물'을 뜻하며, 'PX-1'은 고압으로 물을 주입하는 우물(주입정)이고, 'PX-2'는 깊은 땅속의 고열(심부 지열)로 생산한 수증기를 지상으로 뽑아 올리는 우물(생산정)이다. 포항지열발전소에서는 직경 21.6센티미터(8.5인치)의 두 지열정을 500미터 간격을 두고 지하 약 4.3킬로미터까지 뚫고 들어가 섭씨 180도 수준의 심부 지열과 만났다.

'공극(空隙)'이란 '간극(間隙)'과 동의어이며, 영어로는 '공극압'이나 '간극압'이나 똑같이 'pore pressure'라 하는데, 암석이나 퇴적물을 구성하는 입자 사이의 틈을 채우고 있는 유체가 주는 압력을 뜻한다. 이것이 포항지열발전소에서는 수리자극과 직결돼 있다. 땅속 암석의 틈새로 '높은 압력으로 물을 주입하는 것'이 바로 수리자극인 것이다. 수리자극의 압력이 높아질수록 그만큼 단층면이 받는 스트레스도 높아지게 된다.

'굴착시 발생한 이수 누출'이란 지열정을 뚫고 들어가는 굴착 공사 과정에서 '이수(진흙물)'가 다시 위로 올라오지 않고(순환되지 않고) '땅속으로 사라진 것(누출)'을 뜻한다. 전문가들은 굴착 공사에서 이수 누출 현상이 발생하면 그것은 밑에 단층이 존재한다는 과학적 신호라고 말한다. 포항지열발전소 굴착 공사에서는 이수 누출이 발생했지만 그 사실을 쉬쉬 깔아뭉갰다.

'응력(應力)'이란 간단히 말해 외부의 압력을 견뎌내려는 모든 물체의 저항력이다. 자극이나 압력을 받으며 견뎌내야 하는 물체로서는 얼마나 힘들겠는가. 그래서 영어는 응력을 'stress(스트레스)'라고 한다. 인간이 싱싱한 나뭇가지를 꺾으려고 덤비면, 나뭇가지는 부러지지 않으려는 저항력을 발휘한다. 그러나 임계상태(더 이상 견딜 수 없는 극한 상태)에 도달하면 결국 부러질 수밖에 없다. 이 원리를 단층에 대입하면 된다. 깊은 땅속에 단층이 있는데 거기에 압력을 가하게 되면 단층은 나뭇가지가 그렇듯이 무너지지 않으려는 저항력을 발휘하지만 견딜 수 있는 임계상태를 넘어서면 결국 무너지게 된다. 이때 발생하는 거대한 땅덩어리의 뒤틀림과 흔들림을 인간은 '지진'이라 부른다. 포항지열발전소에서는 '이수 누출'과 '수리자극'이 순차적으로 밑에 있는 단층에 압력을 가했다.

그리고 정부조사단의 결론에는 '애매한 문장'이 있다. "시간의 경과에 따라 결과적으로 그 영향이 본진의 진원 위치에 도달되고 누적되어 거의 임계상태에 있었던 단층"이라는 진술이 그것이다. 여기서 '본진의 진원'이란 물론 규모 5.4 포항지진의 진원지를 가리키는데, 얼핏 읽어보면 '무너져 버린 단층'이 "본디부터 임계상태에 있었다"라고 오독할 수 있다. 이렇게 읽으면 잘못 읽은 것이다. 문맥의 흐름을 보면 "이수 누출과 수리자극에 의해 순차적으로 발생한 유발지진들의 압력이 '무너져 버린 단층'을 임계응력상태로 몰아갔다"라고 읽어야 바르게 읽은 것이다. 그러니까 해당 문장은 "도달되고 누적되어"와 "임계응력상태"가 인과관계로 짜여야 한다.

그런데 2018년 4월 26일에 이미 정부조사단의 결론을 확정해준 두 논문이 세계적 권위의 《사이언스》에 실렸다.

김광희 부산대학교 교수·이진한 고려대학교 교수 등 6인의 한국 지질학자들이 이름을 올린 그 논문의 초록은 다음과 같다.

1905년 계기 지진 관측이 시작된 이래로 한국에서 가장 큰 피해를 준 규모 5.4 포항지진이 2017년 포항지열발전소 아래에서 발생했다. 지질학적, 지구물리학적 데이터에 따르면 포항지진은 인공저류층 지열발전 방식(EGS)의 발전소에 주입된 유체에 의해 유발된 것으로 나타났는데, 이는 지표면 아래 단층대에 거의 임계 응력까지 주입되었다. 이때의 주요 충격이 지열발전소에서 가장 큰 유발지진을 일으켰다.

이 초록에서도 다시 확인할 수 있다시피 방금 지적했던 정부조사단의 그 '결론 문장'은 "도달되고 누적되어"와 "임계응력상태"가 인과관계로 짜여야 뜻을 제대로 담아내는 '정확한 문장'이 된다.

같은 호 《사이언스》에는 포항지진을 '규모 5.5'라고 표기한 해외 학자들의 논문도 게재되었다. 스위스 연방공대(ETH) F.Grigoli 교수 등 9인이 이름을 올린 그 논문의 초록은 다음과 같다.

2017년 11월 한국을 강타한 지진은 지난 세기에 걸쳐 국내 최대 규모이자 가장 큰 피해를 입힌 지진 중 하나였다. 앞서 2년 동안 고압의 유압 주입이 수행되었던 인공 저류 지열발전 시스템(EGS) 현장과의 인접성은 이 지진이 인간 활동에 의한 가능성을 높인다. 우리는 본진과 최대 여진의 특성을 분석하기 위하여 지진학 및 지질학적 분석을 결합했고, 이 지진 시퀀스의 기하학적 구조와 일반적인 요소를 밝혔다. 우리의 분석에 따르면 이번 지진의 발생은 이러한 산업 활동에 의해 영향을 받은 것으로 보인다. 마침내 우리는 지진이 정적 응력(static stress)을 주변의 더 큰 단층으로 전달하여 잠재적으로 그 지역의 지진 위험을 증가시킨다는 것을 발견했다.

한국지질자원연구원의 뻔뻔한 반격 시도

2018년 4월 26일 《사이언스》에 한국 교수팀과 해외 교수팀이 나란히 "포항지진은 포항EGS지열발전 개발이 촉발(유발)한 지진"이라는 결론에 도달한 논문을 발표하고 나서 정확히 두 달 지난 6월 25일, 지진피해와 트라우마에 시달리고 있는 포항시민을 다시 분노하게 만드는 사단이 벌어졌다.

어처구니없게도 그 주동은 포항EGS지열발전의 주역 중 하나인 한국지질지원연구원이었다. 포항 일대에서 규모 6.0 이상의 자연지진이 발발할 수 있다는 책자를 만들어 우리 국민에게 교육용이랍시고 무상 배포하겠다는 것이었다.

한국지질자원연구원(이하 지질연)이 25일 경주·포항지진 연구 결과를 담아 발간한 『일반인을 위한 한반도 동남권 지진』에 따르면 한반도는 현재까지 거의 일정한 동북동-서남서 또는 동-서 방향의 순수 압축응력을 받고 있는 것으로 나타났다. 내륙에선 주향이동(수평이동) 단층 또는 역이동성 주향이동 단층이, 동해·서해 연안엔 역단층이 재활성화하고 있는 것으로 진단됐다. … 피해규모가 컸던 흥해지역은 단단한 토사 지반과 중저주파 대역의 지진파 에너지가 집중돼 3~5층 규모의 건물이 많은 피해를 입은 것으로 파악했다. … 지질연 측은 "앞으로 규모 6.0 이상의 중대형 지진이 언제든 발생할 수 있다. 중대형 규모의 지진이 지표면 가까운 곳에서 발생할 경우 심각한 지진재해를 일으킬 수 있다는 사실을 보여주고 있다"고 밝혔다.

—영남일보 2018. 6. 27.

포항시민은 분개하지 않을 수 없었다. 한국지질자원연구원은 정부 출연 연구기관이다. '포항EGS지열발전'이란 명칭을 철저히 은폐한 『일반인을 위한 한반도 동남권 지진』이란 책자를 제작하고 배포한다는 그 비용은 누가 부담하는가? 그 연구원들이 월급에서 얼마씩 뜯어내 모으는 돈인가? 천만에. 그 돈은 우리 국민의, 포항시민의 세금에서 얻어간 예산의 일부였다.

"한국지질자원연구원은 포항 사람들이 일으키는 지진을 얻어맞아야 정신을 차릴 것"이라는 포항시민의 들끓는 민심을 등에 업은 포항시가 즉각 항의방문에 나섰다.

한국지질자원연구원(이하 지자연)이 지난달 25일 발간한 『일반인을 위한 한반도 동남권 지진』 책자에 따르면 포항, 경주 등 한반도 동남권에 규모 6.0 이상의 중대형 지진이 발생 가능하며 천부지진(깊이 5㎞ 내)에 의한 대규모 인적, 물적 피해 발생도 불러일으킬 수 있다는 내용이 담겨져 있다.

이에 포항시 김종식 환동해미래전략본부장은 항의방문을 통해 학술적 명확한 근거가 없음에도 지진이 발생 가능하다는 상투적인 문구가 사용된 경위를 밝혀줄 것을 요구했다. 이어 11·15 지진 이후 관광객 급감, 경기침체 등 유무형의 막대한 피해를 극복하기 위해 시민들이 혼신의 노력을 기울이고 있는 현 시점에 지진 불안감을 더욱 부채질하는 책자 발간은 심히 우려된다고 목소리를 높였다.

이와 관련 지자연 기원서 원장 직무대행 및 관계자는 "앞으로 지진 관련 자료 발표 시 신중을 기하고, 필요하면 시민 대상으로 설명회 및 포럼 등을 개최해 지진에 대한 불안감을 해소하기 위한 기회를 마련하겠다"고 밝혔다.

—경북매일 2018. 7. 2.

7월 23일엔 여의도 국회에서 포항 공동연구단과 포항시민 대표들이 기자회견을 열었다. 이날 기자회견문에도 한국지질자원연구원의 그 책자 제작과 배포에 대한 비판과 비난이 담겨 있었다.

한국지질자원연구원은 한 달 전 『일반인을 위한 한반도 동남권 지진』이란 보고서를 펴냈습니다. 주요 내용은 포항에 규모 5.0 이상의 지진이 났으니 6.0 이상의 지진도 충분히 예상된다는 것이 골자였습니다.

포항지진의 원인에 대해 시민들이 극도로 긴장하고 국내외 학계가 유발지진의 근거들을 내놓고 있는데도 포항지열발전소에 대해서는 단 한 줄의 언급도 없었습니다.

연구원은 그것도 모자라 국민의 혈세를 들여 전국의 학교와 기관에 그 보고서를 무료 배포하겠다고 대대적으로 홍보하기까지 했습니다.

왜 한국지질자원연구원은 그런 책자를 만들고 뿌려야 했을까? 《사이언스》 두 논문에 의해 "포항지진의 원인은 포항EGS지열발전소"라는 사회적 여론이 굳어지는 현상을 어떻게든 타파해 보려는 저의를 깔고 있지 않았을까?

두 논문을 발표한 전문가들의 눈에는 어처구니없고 포항시민의 눈에는 뻔뻔하기 짝이 없을 뿐만 아니라 파렴치한 짓이었던 그 책자 사단을 지금에 와서 되돌아볼 때는 규모 5.4 포항지진 유발(촉발)의 책임에서 벗어나 보려는 한국지질자원연구원의 발버둥이었을 듯하다.

포항EGS지열발전 프로젝트에서 부지 선정에 결정적인 역할을 누가 담당했는가? 그 국책과제를 수탁한 넥스지오 컨소시엄 6개 기관들 중에 지열저류층 탐사와 평가 및 미소지진(그들의 신조어로는 '미소진동') 모니터링을 누가 맡았는가? 한국지질자원연구원이었다.

'규모 5.4 포항지진을 만들고 불러낸' 주역에 포함되지 않을 수 없는 한국지질자원연구원이 '포항EGS지열발전'이란 명칭을 쏙 빼내 꽁꽁 숨겨놓은 채 이른바 전문가 집단이란 지위를 이용해 『일반인을 위한 한반도 동남권 지진』이란 책자를 만들고 배포하여 포항에는 규모 6.0 이상의 자연지진도 발생할 수 있다고 겁박하면서 규모 5.4 유발(촉발) 포항지진이 마치 자연지진이었던 것처럼 사회적 여론을 호도하려 했으니, 이는 '국민에게 지진을 공부시킨다'는 허울좋은 명분을 내세웠지만 결과적이고 실질적으로는 "규모 5.4 포항지진은 인재도 관재도 아니요 그저 자연지진이었다"라는 거짓 여론을 조장하려고 우리의 소중한 세금만 낭비한 짓이 아니었는가?

"지열발전이 아니라 지진시험을 한 거다"

포항지진의 큰 피해자들 명단에는 한동대학교가 앞쪽에 놓였다. 포항지열발전소와 지척에 위치한 것이다. 정부조사단의 발표보다 넉 달쯤 앞선 2018년 11월 13일 한동대가 포항지진 1주년 기념으로 이진한 교수를 초청해 특별강연을 개최했다. 이 자리에서 그는 《사이언스》에 게재된 포항지진 논문을 지질학적 근거로 삼아 "포항지진은 자연지진이 아니다"라는 점을 강조하고, 단층대 위에 건설한 포항지열발전소 시험가동 중에 발생한 유발지진들이 방아쇠 역할을 해서 규모 5.4 포항지진을 일으키게 되었으니 "지열발전이 아니라 지진시험을 한 거다"라고 강하게 비판했다. 사실을 직시하는 과학자의 양심에서 당당히 울려 나온 그의 주장은 크게 일곱 가지였다.

첫째, 물 주입량이 적다는 이유를 들어 자연지진이라고 주장하는 학자도 있다. 그러나 넓은 지역에서는 물 주입량이 많아야 단층대까지 영향을 줄 수 있지만, 단층대에 직접 주입하는 경우에는 유체 주입압(물 주입의 수압)이 중요하다.

둘째, 지열발전에서 수리자극은 300기압을 넘을 수 없지만 포항지열발전소는 900기압을 자극했다.

셋째, 스위스팀은 2016년 1월 1차 수리자극에서 유발지진이 발생하자 정밀조사를 주장했지만 이게 묵살을 당하면서 6개월 만에 철수했으며, 그 뒤 제대로 안전관리가 되지 않았다.

넷째, 2017년 4월 15일에 발생한 규모 3.1 유발지진을 왜 조사하지 않았는가?

다섯째, '우리 연구팀'은 2017년 8월에 지진계 8개를 설치했지만 등산객들이 훼손하여 규모 5.4 포항지진이 발생하기 5일 전에 다시 8개를 설치했다.

　여섯째, 수압이 너무 높으면 시추공이 파손되는데 시추공 파손 후 진흙을 주입했을 때 모두 사라졌다. 이것은 단층대라는 사실이다.

　일곱째, 단층대를 이미 파악하고 있었는데 왜 거기서 지열발전소를 건설했는가?

　일곱 가지 중 '둘째'에서 지적한 '수리자극(물 주입)의 수압'은 일반시민에겐 생소한 용어인데, 왜 그것도 '포항촉발지진' 발생의 원인 규명에 있어서 주요 문제로 삼아야 하는가? 이는 JTBC 2017년 11월 30일 기사에도 잘 나타나 있다.

　포항지열발전소의 시추와 물주입 작업을 맡았던 중국 유니온페트로란 회사의 홈페이지입니다. 포항지열발전소에서 지하 4km까지 뚫은 주입정과 생산정, 두 파이프 사이에 인공적으로 물의 흐름을 만들기 위해 벌인 작업 과정을 자세하게 소개합니다. 특히 물주입 작업이 한창이던 지난 4월 6일, 지하에 인공 지류를 형성하기 위해 89MPa의 수압을 가했다고 밝히고 있습니다. 이 정도 고압의 파쇄는 중국에서도 거의 볼 수 없었던 작업이라고 강조합니다. 89MPa는 890기압 정도에 달하는 고압으로 지하 암반을 분쇄하는 가스 채굴 작업 등에 가해지는 수준입니다. 포항과 마찬가지로 비화산지대에 지열발전소를 건설한 프랑스 솔츠 지역에서 물주입 당시 평균 수압은 14.5MPa, 일본 오가치 지열발전소는 19~22MPa의 수압을 가했습니다. 해외 지열발전소들이 가했던 수입의 4~5배로 단순 자극이 아닌 파쇄 수준이었다는 지적이 나옵니다. … 발전소연구단이 작성한 '진동 관리방안 보고서'에도 주입 압력이 클수록 더 큰 진동이 발생했다는 해외 실증 사례가 소개돼 있습니다.

2017년 4월 15일의 규모 3.1 유발지진을 불러온 포항지열발전소의 물 주입 수압 89㎫는 어느 정도 강력한 것일까?

압력을 나타내는 단위 중 1bar(바)는 0.1㎫이다. 따라서 포항의 89 ㎫는 890bar로 환산된다. 보통 아파트의 수압은 2~3bar이며 4bar를 넘지 않는다. 물을 이용해 철 절단, 절삭 등 금속가공을 하는 '워터제트' 가공기의 고압은 4,000bar로 알려져 있다. 쇠를 깎는 초고압의 1/4에 가까운 수압을 포항의 땅속에 가한 것이다.

- 임재현, 『포항지진과 지열발전』 103쪽

포항지진 발발 직후 포항지열발전소의 수리자극 수압 문제가 도마 위에 올랐을 때 (주)넥스지오 대표(윤운상)는 "원래 있던 암반의 틈을 벌려서 인공의 저류층을 만드는 수리자극"을 했다고 항변하면서 친절하게도 "수압파쇄는 암반의 틈을 깨는 방식"이라는 설명까지 보탰지만(JTBC 2017. 11. 30.), 수압 89㎫는 '수리자극'의 '자극'이 아니라 '수압파쇄'의 '압력'이었기 때문에 그것이 그 밑의 단층에 끼친 스트레스는 콕콕 쑤셔대는 '자극'이 아니라 꽝꽝 찍어대는 '폭력'이 될 수밖에 없었다.

　이진한 교수는 한동대 특강에서 "포항지열발전소의 자료를 모두 공개해야 한다"는 목소리도 높였다. 그것은 학자의 고충을 간접적으로 토로한 말이기도 했다. 포항지진과 포항지열발전소의 연관성에 대한 정부조사단의 최종 발표보다 일 년쯤 앞서 《사이언스》에 "우리 팀"이라 칭한 부산대 김광희 교수 등과 함께 〈규모 5.4 포항지진은 포항지열발전소의 유발지진들이 촉발한 지진〉이라는 요지의 논문을 발표한 직후부터 이진한, 김광희 교수는 학내에서 '관련 자료 입수 경위' 문제로 시달려야 했다. 황당한 일이지만 (주)넥스지오가 "자료를 도용했다"며 연구팀을 연구윤리위반혐의로 대학에 제소하고 《사이언스》 논문을 내려달라고 요구한 것이었다. 두 교수는 경위서나 해명서를 작성하느라 시간과 정열을 낭비했을 뿐만 아니라 "지진을 잘 모르는 교수가 황당한 소리를 하고 있다"는 정부 관계자와 연구자들의 비난을 들으며 심리적 압박을 받아야 했다.(중앙일보 2019. 3. 22.)

　그럼에도 불구하고 정부조사단 발표보다 넉 달쯤 앞선 때에 다시 공개적으로 "지열발전이 아니라 지진시험을 한 거다"라는 직격탄을 날렸던 이진한 교수의 특강에는 포항시민이 〈규모 5.4 포항지진은 인재요 관재였다〉라고 규정하고 〈포항지진은 충분히 막을 수 있었다〉고 주장할 근거들이 나왔다. 최소한 4가지였다.

　단층대 위에 지열발전소를 건설했다.

유발지진 원인을 조사하지 않았다.

규모 3.1 유발지진마저 덮어버렸다.

수리자극(물 주입)의 수압이 터무니없이 높았다.

그가 언급하지 않았던 다른 근거도 더 있다. 정확한 데이터 없이는 말하지 않는 정직한 지질학자도 추론으로는 얼마든지 제시할 수 있는 것이다. 아무튼 "포항지진은 인재요 관재였다"는 포항시민의 주장에 정당성을 부여해주는 근거들은 확보돼 있다.

첫째, 단층을 피해야 하는데 단층이 있어도 무시했다

먼저, 지층은 무엇이고 단층은 무엇인가? 왜 단층 위에 EGS지열발전소를 건설해서는 안 되는 것인가? EGS란 어떤 방식인가? 이 기초적인 의문을 풀어줘야 한다.

지층(地層)은 자갈·모래·진흙·화산재 등이 퇴적하여 이루고 있는 층, 단층(斷層)은 지층이 외부의 힘을 받아 두 개의 조각으로 끊어져 어긋난 것이다. 부연하면 지층은 양쪽에서 잡아당기는 장력, 양쪽에서 미는 횡압력, 중력 등의 힘으로 끊어져 단층이 된다. 지진은 바로 이 단층과 단층 사이에 어떤 원인에 의하여 응력이 작용해 암석이 균열되면서 깨질 때 발생한다. 응력이 영어로는 'stress'이니 지진은 땅이 스트레스를 받아 발생한다면 쉽게 이해된다.

- 임재현, 앞의 책, 44-45쪽

EGS(Enhanced Geothermal System)란 우리말로 '인공 저류층 지열발전 시스템'이라 옮길 수 있다. 땅속의 온도가 섭씨 160도~180도 되는 지대까지 두세 개의 구멍을 뚫고 들어가(지상에서 물을 들이붓는 주입공, 땅속 지열로 만든 수증기를 뽑아 올리는 생산공) 그 지대에 인공 저류층을 생성시키는 시스템이다. '저류층'이란 원유나 가스를 저장한 자연 지층인데, EGS지열발전에서는 펄펄 끓는 물과 수증기를 저장할 '인공 저류층'을 인간이 기술적으로 만들어야 한다. 심부 지열은 주입공을 통해 도달한 물을 받아 수증기로 만들어준다.

그러니까 EGS지열발전소란 섭씨 180도 내외의 심부 지열로 생산한 인공 저류층의 수증기를 생산공으로 뽑아 올려 지상에 설치한 발전 터빈을 돌림으로써 전력을 생산하는 발전소다. 석탄화력발전소는 석탄을 태워서 만든 수증기로 터빈을 돌리고, EGS지열발전소는 인공 저류층의 수증기로 지상의 터빈을 돌린다. 석탄을 태우면 이산화탄소와 골치 아픈 미세먼지들을 꾸역꾸역 대기로 방출하게 되지만, 지열로 물을 끓이니 온실가스도 미세먼지도 발생하지 않는다. 과연 지열발전은 청정 신재생에너지이다.

그러나 EGS지열발전 개발의 심각한 단점은 무엇보다도 지상에서 물을 고압으로 쏘아 붓는 수리자극의 영향으로 반드시 미소한 유발지진을 일으키게 된다는 것이다. 만약 그것이 지속적으로 단층을 자극하게 되면 응력(stress)으로 쌓이게 되고 임계에 도달되면 터져 버린다. 이것이 큰 지진이다. 그래서 EGS지열발전소는 반드시 단층대를 회피해야 한다.

김대중정부에서 노무현정부로 넘어오는 그 언저리부터 산업자원부와 한국지질자원연구원에서 지열을 에너지원으로 확보해 보려는 기초 프로젝트를 가동했다. 2005년에 한국지구물리탐사학회의 《물리탐사》(Vol.8, No.2)에 게재한 논문 「심부 지열자원 개발을 위한 원거리 기준점 MT 탐사자료의 2차원 역산 해석」(이태종, 송윤호)도 그것을 말해준다. 2002년과 2003년에 현장을 탐사한 그 논문에는 관련 전문가가 아니면 이해하기 어려운 용어들이 수두룩하다.

'MT 탐사(magnetotellurics survey)'란 자기지전류탐사(慈氣地電流探查)이다. 이것은 자연적으로 존재하는 전자기장을 평면파 송신원으로 이용하여 지하의 전기전도도 분포를 규명하는 일이다. 이렇게 설명해 봐도 어렵다. 하지만 제대로 이해하지 않아도 그만이다. 다만, 매우 중요한 점이 있다. 포항EGS지열발전소 추진팀이 눈여겨볼 수밖에 없었을 진술이 그 논문에는 담겨 있다.

연구의 목적은 다음과 같다.

본 연구에서는 심부 지열수의 이동 통로가 될 수 있는 심부 파쇄대 탐지를 목적으로 경상북도 포항시 북구 흥해읍 일원에서 원거리 기준점 MT 탐사를 수행하였다.

'심부 지열수'란 '땅속 깊은 곳의 뜨거운 물'이라는 뜻이고 '심부 파쇄대'란 '땅속 깊은 곳의 깨지고 부서진 지대'이다. 땅속에 파쇄대가 존재한다면 EGS지열발전에서는 펄펄 끓는 물이나 수증기를 가두는 '인공 저류층'과 연결하는 도랑처럼 활용할 수 있다.

다음과 같은 사사(謝詞)도 붙어 있다.

본 연구는 한국지질자원연구원의 기본사업인 '심부 지열에너지 개발 사업' 일부이며, 현장 자료 획득과 해석에 있어 조언해준 한국지질자원연구원의 이성곤 박사, 일본 AIST의 Yuii Mitsuhata 박사, 그리고 현장 탐사자료 획득에 힘써 준 한국지질자원연구원의 박인화, 임성근 연구원께 감사드린다.

심부 지열에너지 개발, 즉 EGS지열발전소 건설 사업을 위한 목적으로 정부 출연 연구기관인 한국지질자원연구원의 프로젝트를 받아 포항시 흥해읍 일원에서 지질 탐사를 실시한 이태종, 송윤호의 연구조사는 어떤 결론을 내놓을까? 2017년 11월 15일 이후에야 포항시민이 알게 되지만 너무 놀랍게도 "흥해읍 일원이 단층대일 가능성이 매우 높다"는 것이다. (굳이 난해한 그림들까지 인용하지는 않는다.)

네 개의 동-서 방향 측선에서 공통적으로 나타나는 가장 특징적인 사실은 측점 206(Fig. 4), 112(Fig. 5), 그리고 414(Fig. 6)를 중심으로 한 L-2와 H-2의 경계이다. 이 경계는 네 측선 모두에서 약 1.5㎞ 심도까지 연장되어 나타나며 그 하부의 심도에서는 다시 L-3와 H-2의 경계로 이어져 나타난다. 이 경계를 이루는 측점들을 연결하면 Fig. 1에서 보인 선구조와 매우 유사하게 나타나 이 경계면은 하나의 단층면일 가능성이 매우 높다.

"단층면일 가능성이 매우 높다"라는 표현은 "단층대가 존재한다"는 표현과 거의 같은 말이다. 의사가 몇 시간 뒤 사망하게 되는 환자의 보호자에게 "회복할 가능성이 매우 희박하다"라고 알려주는 경우와 흡사한 수사적(修辭的) 표현이다.

더 직접적이고 더 적극적으로 '단층이 있다'라고 밝히는 다음과 같은 진술도 담겨 있다.

동-서 방향 측선의 역산단면에서 공통적으로 나타나는 심도 500~1,500m의 저비저항(L-2)과 고비저항(H-2)의 경계면은 이들을 잇는 직선과 선구조 분석 결과와 매우 유사하게 나타나 단층면으로 해석되며 이 직선상에 위치한 BH-2에서도 단층각력을 포함한 파쇄대가 다수 발견되었고 암석은 1.5㎞ 심도까지 전반적으로 심하게 파쇄된 상태를 보였다.

"단층면으로 해석되며"라는 표현은 그냥 "단층면이다"라고 받아들여도 된다.

김대중-노무현정부 시절에 포항시 북구 흥해읍 일원의 지질 탐사를 통해 국가에너지정책의 미래를 위한 지열에너지 확보와 개발의 첫발을 내딛게 되었다. 물론 친환경 무공해 재생에너지를 생산할 EGS지열발전소를 개발해보려는 정책적 목표를 세우고 있었다.

일본, 뉴질랜드 같은 화산지대에서는 얕은 땅속에서 만족할 만한 지열을 얻을 수 있어 지열발전소 건설에 유발지진 같은 난제가 달라붙지 않는다. 큰 지진이 자주 일어나기 때문에 원자력발전소를 포기한 뉴질랜드는 지열발전소 의존도가 높다. 한국전력거래소의 '2015년 해외 전력산업 동향'에 따르면 뉴질랜드의 에너지원별 발전 실적에서 지열발전은 16%나 차지한다.

화산지대가 아닌 지역에서는 땅속에 무한정으로 존재하는 지열을 활용해 전력을 생산하는 방법이 없을까? 이러한 인간의 호기심이 EGS지열발전을 창안하고 그 기술을 개발해 상용화했다. 석유와 가스는 없고 석탄도 형편없이 부족한 대한민국 정부가 미래에너지원 확보와 개발의 차원에서 관심을 기울여하는 기술이었다.

그것은 이명박정부 시절에 구체화되있다. 2010년 포항시 흥해읍 한동대학교 인근에다 한국 최초로 EGS지열발전소를 건설하기로 결정했다. 1단계 1.2㎿급 발전소에 433억원, 2단계 5㎿급 발전소에 800억원 등 총 6.2㎿급 지열발전소에 총 1천233억원을 투자해 5천200가구에 전기를 공급하겠다는 계획이었다.

이때 지식경제부(산업통상자원부)는 〈EGS지열발전소 설계 단계 시 지진영향성 검토 여부 및 지진 영향성 검토 보고서〉에서 '미소진동에 의한 지중 영향력 관리를 위한 방안을 마련'하기 위한 세부 지침의 하나로서 '포항EGS 프로젝트 미소진동 관리 방안'을 세워야 한다는 주문을 집어넣었다. 여기에도 벌써 '미소지진' 대신 '미소진동'이란 명칭이 등장해 있었다. 한국지질자원연구원이 세계 지질학계에 통용될 수 없는 신조어를 창안한 것이었다.

왜 그랬을까? '지진'이라 지칭하면 EGS지열발전소를 두려워하게 되는 지역주민을 자극하지 않으려는 저의를 숨긴 용어가 아니었을까? 어쨌든 상급 정부기관의 그 지침을 수행한 것처럼 지열정 수리자극을 앞둔 2015년에 앞서 밝힌 5개 기관(한국지질자원연구원, 한국건설기술연구원, 서울대학교, 넥스지오, 이노지오테크놀리지)이 공동으로 『포항 EGS 프로젝트 미소진동 관리 방안』이란 보고서를 내놓았다.

그것은 자세한 보고서인데 심각한 문제점도 지니고 있다. 정직한 시각이 어디론가 사라진 것 같은 장면이 바로 그것이다. 포항EGS지열발전소와 깊은 관계를 맺은 지질학자들이 총출동해 "시험가동(초고압의 물주입 등 수리자극)을 준비하는 시점에서 만들었다"고 밝혀둔 그 보고서는 '단층'을 교묘하게 논점의 바깥으로 흘려버린다.

수리자극 시 가까운 위치에 단층이 존재한다면 규모가 큰 지진이 발생할 수 있는 가능성이 있기 때문에 EGS 부지 인근에 존재하는 단층을 조사하였다. … EGS 부지를 중심으로 양산단층이 서쪽에 존재하고 있다.(Song, et ai. 2015) 양산단층 외에 동쪽으로 곡강단층, 북쪽으로 흥해단층, 남쪽으로 형산단층이 나타나 있다. 그러나 양산단층의 존재 여부는 학계에 명확히 알려진 반면 나머지 세 개 단층은 단층이 지표에서 관찰되지 않았기 때문에 존재 여부가 불확실한 상태이다. 1991년과 1994년 한국고생물학회지에 발표된 두 논문에서 세 단층의 존재 가능성을 제시하고 있다.(윤해수 외 4명, 1991. 윤해수 1994)

1991년에 발표된 논문에서는 미화석의 분포를 포항분지에 망(net)의 형태로 조사하여 수직 수평 변이를 조사하여 형산 및 흥해단층의 존재를 제시하였다. 1994년에 발표된 논문에서는 포항분지의 남부, 연일지역에서의 지질조사 및 퇴적물(외편모층) 분석을 통해 곡강단층의 존재를 제시하였다. 그러나 1991년과 1994년 곡강단층, 형산단층, 흥해단층의 존재가 제시된 이후 이 세 단층에 대해 언급한 학술논문이나 보고서는 거의 존재하지 않고 단층의 크기와 방향, 물리적 성질에 대한 자료도 거의 찾아볼 수 없었다. 반면 양산단층의 경우 지표에서 단층의 존재를 나타내는 단층대와 파쇄대가 나타나는 등 그 존재가 명확하다. 양산단층의 규모는 경북 영덕에서 부산에 이르기까지 길이는 약 200㎞이고 폭은 수십m에서 수㎞에 이르며 … 그러나 양산단층과 포항 EGS 프로젝트의 부시는 시표상에서 10㎞ 이상 떨어져 있어 양산단층이 EGS 수리자극에 의해 발생하는 미소진동에는 영향을 주지 않을 것으로 판단된다.

"수리자극 시 가까운 곳에 단층이 있다면 큰 지진이 발생할 수 있다."—이렇게 그들은 그 중대한 사실을 인지하고 있었다, EGS지열발전소는 무조건 단층대를 회피해야 한다는 점을 명백히 알고 있었던 것이다. 그래서 어떻게 했나?

"부지 인근에 존재하는 단층을 조사했다"— 이렇게 밝히고 있다. MT 탐사든 위성 활용이든 그들이 '직접 제대로 탐사'를 실시했는가? 이것은 아니었다. 1991년, 1994년 윤해수의 논문을 언급하고 업그레이드된 위성사진을 보여주고 있다. 그런 다음에는 교묘하게 말재주를 부린다. 말재주는 이렇다.

"그러나 1991년과 1994년 곡강단층, 형산단층, 흥해단층의 존재가 제시된 이후 이 세 단층에 대해 언급한 학술논문이나 보고서는 거의 존재하지 않고"— "거의 존재하지 않고"에 그나마 "거의"를 집어넣어 2005년 이태종·송윤호의 논문도 "알고 있었다"라는 인지 사실을 부지불식간 내비친 것으로 짐작해볼 수 있다. 지질학계의 동향과는 담을 쌓고 살아가는 일반시민으로서는 그 동네의 논문에 대해 알지 못하지만 그 동네의 전문가들로서는 서로 잘 알고 있을 뿐만 아니라 포항EGS 프로젝트에도 관계한 두 전문가(이태종, 송윤호)의 그 논문을 고의로 인용하지 않기 위해 "거의 존재하지 않고"라고 썼을 것이다. 즉, 양심의 어딘가가 찔리니까 차마 "존재하지 않고"라고는 쓰지 못하여 "거의 존재하지 않고"라고 썼을 것이다.

말재주는 부렸으나 우리말 문장도 비뚤어져 있다. '잘못된 문장'을 모국어에 결례가 안 되도록 바로잡자면 인용의 뒷부분을 "EGS 수리자극에 의해 발생하는 미소진동이 양산단층에는 영향을 주지 않을 것으로 판단된다"라고 뜯어고쳐야 한다.

"수리자극 시 가까운 위치에 단층이 존재한다면 규모가 큰 지진이 발생할 가능성이 있다"라고 인지하고 또한 "양산단층 외에 동쪽으로 곡강단층, 북쪽으로 흥해단층, 남쪽으로 형산단층이 나타나 있다"고 하면서도 억지 잔꾀를 짜낸 것처럼 "이 세 단층에 대해 언급한 학술 논문이나 보고서는 거의 존재하지 않고"라며 슬그머니 흘려버리고(그나마 양심에 걸린 것처럼 "거의"라는 조건을 달아두고), 오래전부터 한국사회에 널리 알려져 있는 활성단층인 '양산단층'이 포항지열발전소 현장에서 10킬로미터 떨어져 있다는 점만 내세웠다.

도대체 왜 그랬을까? 서로가 잘 아는, 2005년 발표된 이태종·송윤호의 논문마저 "거의"라는 말로 숨기면서까지 왜 곡강단층, 흥해단층, 형산단층을 문제삼지 않으려고 했을까? 2010년에 사업 시행 업자들과 부지 선정이 완료됐고 지열정 굴착공사까지 완료한 2015년을 지나 곧 2016년 새해가 오면 지열정 속으로 수리자극을 시행하게 되니 "포항EGS지열발전 사업 실행에 있어서 단층은 전혀 문제시 될 것이 없다"라는 거짓말을 하기 위해 자의적(恣意的)이고 고의적으로 슬그머니 '흘려버린 것'이라고 하지 않을 수 있겠는가?

설령 백 번 양보하여 "단층대가 있다"라는 사실을 밝혀놓은 기존 논문이 없었다고 할지라도 EGS지열발전을 건설하겠다는 인간들은 반드시 철저한 지질탐사를 선행해야 한다. 이것이 제일의 필수 원칙이다. 만약 넥스지오 컨소시엄과 이른바 '미소진동 관리 방안'을 만든 연구팀이 단층대 위험을 심각하게 양심적으로 받아들였더라면 부지

지질조사에 대해 위성레이더간섭법(DInSAR: 인공위성의 반복주기를 이용해 대상물의 3차원 정보를 구하는 방법)이라도 활용했을 것이다.

실제로 2017년 11월 17일 새벽에 해외 위성이 촬영한 데이터를 통해 이틀 전 발발한 포항지진에서 단층이 찢어진 단면, 즉 '파열면'이 발견됐으며, 그 길이가 6.5㎞, 그 폭이 2.5㎞나 된다는 보도가 나왔고(JTBC, 2017. 11. 28.), 국제연구팀은 위성레이더간섭법으로 지표의 변위를 측정해 단층의 위치를 계산한 결과 포항지열발전소 하부에 단층이 존재하는 것으로 분석됐다(한겨레, 2018. 4. 27)고 밝혀냈다.

포항EGS지열발전소 건설을 주관한 (주)넥스지오(대표 윤운상)가 어떤 회사인가? 지질학 전공자들이 2001년 창업한 것으로 알려졌다. 전문 분야는 토목공사를 위한 지질지반조사였다. 지열발전 연구는 2010년에 들어 본격 시도한 신사업이었다.

그런데 넥스지오 홈페이지에는 '2011년 9월 23일 단층 모니터링 프로그램 등록 4건'이 버젓이 홍보돼 있었다. 그때 등록했다는 단층 모니터링 프로그램 4건이 어느 수준인지 몰라도 하다못해 홈페이지를 통해 자랑한 그것이라도 시작 단계의 포항지열발전소 현장에서 돌려야 하지 않았나? 그들이 단층의 존재를 몰랐다는 변명은 아무래도 궁색하기 짝이 없는 것이다.

2017년 11월 15일, 포항지진의 은폐해온 유발지진들이 핵폭탄처럼 터져버린 그날 저녁, 이진한 교수가 JTBC 뉴스에 나와 "단층대, 유발지진의 연관성"이란 용어를 처음으로 제기하자 넥스지오는 다음날 대담하게도 "2개의 시추공은 지진과 관련이 예상되는 단층과 무관한 위치"라고 반박했다. 넥스지오가 2011년 9월에 자랑했던 그 4건 모두를 돌려봤다는 뜻이었는가?

정부의 사업단 관계자도 오리발을 내밀었다.

정부 사업단 관계자는 "지열발전소는 주로 파쇄대 주변에서 개발하며 위치 선정 당시 해당 파쇄대가 활성 단층이었는지는 몰랐다"라고 답했습니다.

-JTBC, 2017. 12. 5

다시 치솟는 의문이지만, 넥스지오 컨소시엄에는 정부 출연 연구기관도 3개나 포함됐는데 왜 그들은 기존 논문이 밝혀둔 단층대를 외면하고 단층대 탐사를 회피했을까? 무슨 이유로 그렇게 학자적 양심을 스스로 덮어야 했을까? '단층이 있다'는 것을 외면하게 만들 만한 '강한 유혹'이 포항지열발전소 부지에는 있어야 했다. 이것은 두 가지였을 개연성이 높다.

하나는 포항의 그 부지가 한국의 다른 어느 지역보다 심부 지열의 조건이 좋다는 것이다. 화산지역이 아닌 포항시 흥해읍 한동대 인근에다 EGS지열발전소를 건설해 코스닥에 상장하려는 '대박 욕망'에 사로잡힌 사연을 조금 뒤에 밝히겠지만, 그들의 눈이 번쩍 띄게 해주는 어느 논문의 한 문장이 있었다. 그것이 그들에게는 그야말로 대박 욕망의 성취 가능성을 한층 더 밝게 비춰주는 빛이 되었을 것이다. 『포항 EGS 프로젝트 미소지동 관리 방안』에 다음과 같은 인용이 등장한다.

포항지역의 지온 경사는 38도/㎞이며, 심부 4.5㎞의 온도는 약 180도c가 될 것으로 예상한다. 포항지역의 지온 경사는 국내 평균 25.1도c/㎞보다 약 10-15도c/㎞ 높다.(Kim &Lee, 2007)

또 하나는 파쇄대가 있었다는 것이다. 땅속의 파쇄대는 쩔쩔 끓는 물이나 수증기를 인공 저류층으로 들어가게 하는 도랑과 같은 역할을 한다고 비유했는데, "지열발전소는 주로 파쇄대 주변에서 개발한다"는 정부 사업단 관계자의 말(JTBC 뉴스 2017. 12. 5)이나 "세계 지열발전소의 95%가 파쇄대에서 시추공을 뚫는다. 포항지열발전소도 파쇄대 지대가 있다는 것을 조사한 상태에서 개발한 것이다"라는 지질 전문가의 증언(한겨레 2017. 12. 4)이 뒷받침해주고 있다.

땅속으로 훨씬 덜 뚫고 들어가도 된다.
땅속에 파쇄대가 있다.

이들 두 조건은 공사비가 그만큼 줄어들고 공사의 난이도가 그만큼 낮아진다는 뜻이니, 경제적으로 득이 되고 공사도 더 쉬워진다는 것이다. 귀가 솔깃하지 않을 수 없는 '유혹' 아닌가.

그러나 한국 최초로 도전하는 국가 정책적 과제를 수행하는 '똑똑한 사람들'이, 유발지진으로 실패했던 여러 나라의 사례들을 미리 다 조사해둔 '똑똑한 사람들'이 '단층대 파열 지진'이라는 핵폭탄 같은 위험성에 대해 그토록 가볍게 다룬 것은 이해할 수 없다. 아니, 역겨운 분노를 일으키게 한다.

뿐만 아니다. 주무관청인 산업통상자원부, 전담기관인 한국에너지기술평가원, 연구과제 참가기관인 한국지질자원연구원, 한국건설기술연구원 등 정부 기관과 정부출연 기관이 포항EGS지열발전소 개발에서 가장 중요하게 다뤄야 하는 '안정성 평가'를 완전히 도외시했다. 이것은 'MW급 지열발전 상용화기술 개발' 과제의 평가표만 보아도 알 수 있다. 그 평가표에는 "1. 기술성 및 개발능력(70점), 2. 경제성 및 사업화 가능성(30점)"만 들어 있었지 '안정성'과 관련한 항목은 전혀 없었다. 국책사업 '포항지열발전소 건설'에는 '안정성 평가'마저 없애버렸던 것이다. 이러한 조건에서 '단층 존재 여부'의 지질 탐사를 기대할 수 있었겠는가? 연목구어(緣木求魚)였다. 나무에서 고기를 구하는 경우와 같았다.

화산지대가 아닌 지역에서 포항보다 먼저 건설되었던 세계의 모든 EGS지열발전소는 실패했든 성공했든 입지 선정의 첫 번째 필수조건이 단층대를 회피하는 것이고, 두 번째 필요조건은 가능한 한 상대적으로 덜 깊은 땅속에서 만족할 만한 지열을 확보하는 것이었다. 전자는 안정성 담보의 필수조건이고, 후자는 긴설비 절감의 필요조건이다. 건설비 절감의 유혹에 눈이 멀어 '부지 선정'의 절차에서 단층대를 덮어버린 점과 '안정성' 평가를 누락한 점, 이것은 결과적으로 인재와 관재의 출발이었다.

둘째, 부실한 업체 선정과 환경영향평가 생략도 관재였다

포항지열발전소 건설 사업(MW급 지열발전 상용화 기술개발 프로젝트)은 1단계(2010-2012년)에서 심부 지열원 조사와 시추 기술 개발로 섭씨 100도 이상의 지열 저류층 온도를 확인하는 것을 주요 과제로 하여 지중 지열수 순환시스템을 설계하고, 2단계(2013-2015년)에서 EGS방식과 바이너리(Binary) 발전시스템을 개발하고 2015년에는 수리자극을 통해 섭씨 180도 지열 저류층에서 유량 40kg/s 이상의 지열수를 활용하는 1.5MW급 지열발전소를 완성한다는 것이었다. 이 사업기간은 두 차례에 걸쳐 약 1년씩 연장되고 예산도 증액되었다.(「MW급 지열발전 상용화 기술개발사업의 추진 배경 및 계획」, 《터널과 지하공간》 제21권 제11호, 11-19쪽, 윤운상 외 6인)

2010년 12월 포항지열발전소 사업자 선정 절차는 한국전력공사 계열사인 한국동서발전(주)과 (주)넥스지오 컨소시엄(넥스지오를 주관사로 하여 한국지질자원연구원, 포스코, 한국건설기술연구원, 서울대학교 산학협력단, 이노지오테크놀로지 등으로 구성)의 경쟁으로 진행되었다.

당시부터 그 사안에 관심을 기울였던 대다수 사람들은 '특별한 손'이 개입하지 않는 한 동서발전이 수탁할 것으로 예측했다. 이것은 빗나가고 말았지만, 규모 5.4 촉발지진 사태 후 뒤늦게 업자 선정 과정을 들여다본 포항시민이나 언론들은 고개를 가로저어야 했다.

컨소시엄을 주관한 넥스지오부터가 허술했다. 전문성도 재정건전성도 믿음직스럽지 못했다. 2001년 창업한 이래 토목공사를 위한 지질지반조사를 전문분야로 내세웠는데 2010년부터 지열발전 연구를 신사업으로 추진하게 되었다니까 포항 EGS 프로젝트를 겨냥한 '신사업'이었을 가능성을 배제할 수 없을 듯하다. 앞서 지적했지만, 넥스지오는 포항지열발전소를 수주한 뒤부터 EGS지열발전에서 단층 파악이 중요하다는 점에 착안했는지 회사 홈페이지를 통해 '2011년 9월 23일 단층 모니터링 프로그램 등록 4건'을 홍보하기도 했다.

'넥스지오 컨소시엄'은 구성원이 저마다 정해진 역할을 맡았다. 넥스지오는 주관사로서 포항 지열사업을 총괄하며 지열정(地熱井, PX) 2정(주입정인 PX-1과 생산정인 PX-2)의 시추 및 설계관리, 지열수 지중 순환시스템을 구성하는 공정관리, 비용관리 및 품질관리의 전 분야를 도맡았다. 하지만 지열발전 전문성이 부족했다. 이것을 메워주는 파트너들은 한국지질자원연구원, 서울대 산학협력단, 한국건설기술연구원이었다. 한국지질자원연구원은 지열저류층 탐사와 평가 및 미소지진(그들의 신조어로는 '미소진동') 모니터링을, 한국건설기술연구원은 시추 성능 평가 및 최적화 기술 개발을, 서울대학교는 인공저류층 생성을 위한 수리자극 기술을 각각 맡았다. 이노지오테크놀로지는 좀 곁다리였으니 지역발전 경제성 분석을 맡았다.

그러면 포스코는 재정건전성을 담보하는 파트너였을까? 아니었다. 포스코는 1MW급 바이너리 발전시스템을 현물로 출자하고 지열수 조건 검증 등에 필요한 실증 설비를 설치하기로 했다. '바이너리 발전방식'이란 생산정(PX-2)에서 분출되는 수증기와 열수의 온도가 낮거나 충분한 수증기를 얻지 못하는 경우에 더 끓여서 보충하는 방식쯤으로 여기면 된다.

넥스지오라는 벤처기업 자체와 5개 컨소시엄의 역할을 들여다보면, EGS 지열발전에 관해서는 거의 현장 경험과 무관한 책상물림 수준이고, 재정건전성도 좋지 않은 상태였다. 그러나 넥스지오 컨소시엄이 포항EGS지열발전 프로젝트를 받아냈다.

이러한 결과는 당연히 여러 가지 추측성 '설'을 세상에 떠돌게 만드는 법이다. 정권의 어떤 실세, 어떤 국회의원이 개입했다는 소문들이 그것이다. 2019년 3월 20일 정부조사단의 발표가 떨어지기 무섭게 산업통상자원부는 왜 그토록 재빨리 '업자 선정의 적절성'에 대한 셀프 감사를 감사원에 요청했을까?

이제는 감춰졌던 자료들이 하나씩 흘러나오고 있다. 2019년 4월 2일 KBS 뉴스는 '파면 팔수록 의혹 투성이… 지진 촉발 포항지열발전소 논란'에서 사업자 선정에 대한 의혹, 부지 선정에 대한 의혹의 한 자락을 비춰줬다.

저희가 공모 당시 평가표를 입수했는데요, 기술성, 개발능력, 경제성, 사업화 가능성, 이런 항목은 있는데, 지진은 물론 안전이나 환경에 대한 평가 항목은 따로 없었습니다.

평가위원들의 평가 역시 부실하기 짝이 없었는데요, 한 평가위원의 평가표입니다. "지하 탐사에 강점을 보인다" "상업화 가능성이 크다" 등 단 네 줄을 적어놓고 4개 항목에 만점을 주면서 넥스지오에 최고

점 93점을 줬습니다.

이날 보도는 피해주민들이 새삼 분노하지 않을 수 없는 사실도 알려줬다.

포항지열발전 사업에 참여한 국책연구기관은 한국지질자원연구원인데요, 이곳에서 지열발전과 관련해 외부에 자문한 문서를 저희가 입수를 했습니다. 지열발전은 아주 미약한 진동을 유발하지만, 느낄 수 없고 발파 진동에 비해 무시할 수준이라고 강조합니다. 혹시 지진이 나더라도 "구조물에 대한 위험은 전혀 없다" 단언까지 합니다. 더구나 이 자문에 관여한 연구원들은 불과 몇 개월 뒤에 포항지열발전 사업에 그대로 참여까지 했습니다.

이번 포항지열발전소의 사태가 작은 중소기업 한 곳의 책임이 아니라, 이 사업에 관여한 정부 부처 그리고 국책연구기관까지 모두의 책임이라는 점은 분명해 보입니다.

'엉터리 자문'을 늘어놓았던 한국지질자원연구원이 포항EGS지열발전소의 입지 선정에 깊숙이 관여하고 컨소시엄에서 지열 저류층 탐사와 평가 및 미소지진('미소진동') 모니터링을 담당했으니 무엇을 어떻게 했겠는가?

2010년 12월 넥스지오는 근하신년을 준비하며 일차적 숙원인 코스닥 상장의 토대를 마련했다고 쾌재를 불렀을 수도 있겠으나, 수주 자체부터가 소화하기 어려운 '지나친 과식'이란 점을 스스로 인식하지 않으려 했던 것 같다.

그리고 무슨 연유인지 포항EGS지열발전소 부지 선정에는 환경영향평가마저 생략해버렸다. 국가는 '환경·교통·재해 또는 인구에 미치는 영향이 큰 사업에 대한 계획을 수립·시행함에 있어서 당해 사업이 환경·교통·재해 및 인구에 미칠 영향을 미리 평가·검토하여 건전하고 지속가능한 개발이 되도록 함으로써 쾌적하고 안전한 국민생활을 도모할 목적'으로 환경·교통·재해 등에 관한 영향평가법을 제정하고 있고, 동법 제1항은 제3호에서 '에너지개발'을 그 대상사업으로 규정하고 있다. 원자력발전소나 석탄화력발전소만 아니라 태양광발전도 지방자치단체의 심한 규제를 받는다.

비록 동법 시행령 별표에서 지열발전을 따로 적시해 규정하지는 않고 있지만 EGS지열발전 사업은 해외의 기존 실패사례들을 참고해보더라도 어느 에너지원 개발 사업보다도 위험성이 크기 때문에 환경영향평가를 시행하는 것이 마땅하다. 그럼에도 불구하고 관계 기관들이 환경영향평가마저 건너뛰게 해주는 특혜를 제공함으로써 결국 포항지진의 발생 가능성을 증대시키는 데 이바지했다.

셋째, 지역주민과의 소통을 완전히 배제했다

   한국지질자원연구원, 한국건설연구원, 서울대학교, 넥스지오, 이노지오테크놀러지 등이 공동 명의로 2015년에 내놓은 『포항 EGS 프로젝트 미소진동 관리 방안』이란 보고서에는 지열발전소 인근 주민과 소통해야 한다고 명기하고 있으며, 스위스 바젤 EGS 지열발전 프로젝트의 주민 소통 사례를 비롯해 '지열발전소 건설과 주민 소통'에 관한 여러 나라의 실패사례와 성공사례를 예시하고 있을 뿐만 아니라, 미국 에너지부가 마련한 미소진동 관리 7단계 프로토콜도 제시하고 있다. 물론 미국 에너지부는 '진동 관리'라 하지 않고 '지진 관리'라고 했으나 그들은 다음의 인용에서 확인할 수 있듯이 슬쩍 '진동'이라고 바꿔놓았다.

미국 에너지부 미소진동 관리 프로토콜에 제시된 7단계의 프로토콜
1단계: 사전 조사 실시
2단계: 지역주민들과의 대화 프로그램 실행
3단계: 지반진동 및 소음에 대한 사전 검토 및 허용한계 설정
4단계: 미소진동 모니터링 시스템 구축
5단계: 자연지진 및 미소진동에 따른 영향 정량화
6단계: 미소진동에 따른 영향 확률 선정
7단계: 피해 확률에 기반한 예방계획 수립

다른 단계들은 다 덮어두더라도 1단계, 2단계를 포항EGS지열발전소는 어떻게 했는가? 가장 손쉬운 것을 하나라도 실행했는가?

1단계는 '사전 조사 실시'라고 돼 있다. 물론 사전 조사의 핵심은 지열발전소를 건설하기 전에 그것이 위치할 곳에 대한 지질조사다. 2005년 발표된 이태종·송윤호의 그 논문이 분명히 적시한 '흥해 일원에 존재하는 단층대인 곡강단층, 흥해단층, 형산단층'을 자의적이고 고의적으로 흘려버리고 오로지 '양산단층이 포항지열발전소 현장에서 10킬로미터 떨어져 있다'는 점만 내세웠다고 앞에서 지적했다시피, 넥스지오 컨소시엄은 지열발전소 건설에서 제일의 기본원칙인 사전 조사, 즉 단층대 존재 여부에 대한 조사를 '직접 탐사'로 실시하지 않았을 뿐만 아니라, 이미 조사해놓은 자료마저도 사업 시행의 장애물을 숨기는 것처럼 덮어버렸다. 그 이유를 추론하기 위해서는 다시 그들의 보고서에 등장하는 "포항지역의 지온 경사는 국내 평균 25.1도C/km보다 약 10-15도C/km 높다"라는 근거를 들이댈 수밖에 없다. 마치 아이들이 수학 문제를 푸는 것처럼 덤벼든다면, 다른 지역에 가서는 지열정의 깊이를 땅속 6km까지 뚫어야 섭씨 180도의 지열과 만날 수 있지만 흥해읍 한동대 인근의 포항EGS지열발전소 건설 현장에서는 4.3km만 뚫어도 된다는 뜻이니, 얼마나 경제적으로 이득이 되고 공사의 난이도는 또 얼마나 낮아지겠는가?

2단계인 '지역 주민 대화 프로그램 실행 방안'에 대해 그 보고서는 구체적으로 친절하게 제시하고 있다.

1) 인터넷 매체 및 각종 인쇄물, 지역 방송을 활용하기

-포항 EGS 프로젝트가 아시아 최초로 수행되는 EGS기술개발 과제라는 정보를 포항지역 정보 매체를 통해 알리는 방법을 통해 지역 주민들의 포항EGS프로젝트에 대한 관심과 인식을 확보한다.

-정기적으로 종합적인 정보(개선된 내용 반영, 진행 현황 등)를 제공하는 방법을 통해 지역 주민들의 신뢰를 확보한다.

2) 박물관 건립, 공원 조성, 시추개발 현장 공개 등

-프로젝트 현장 주변에 설명 박물관 및 공원 조성하는 방법을 통해 교육 견학 현장 및 휴식 공간 제공하고 주변 상가 지역의 경제활성화에 도움을 준다.

- 시추 개발 현장 일부를 공개하는 행사를 개최하는 방법을 통해 프로젝트에 대한 지역 주민들의 인식을 개선하고 이해를 돕는다.

3) 일간지 검토, 설문, 질의응답

- 지역 일간지 검토를 통해 지역사회적 특성 파악 및 관심사 등을 이해한다. 이러한 내용을 반영하여 설문 및 질의응답의 방법을 실시한다. DEL을 통해 지역 주민들의 인식 및 요구사항 등을 파악하고 그에 대한 피드백 내용을 설명회 및 공청회 등에 활용한다.

4) 공청회 및 설명회 개최(토론의 장 포함)

- 한 차례에 그치는 것이 아니라 주기적으로 여러 차례 공청회 및 설명회를 개최하여 포항EGS프로젝트의 진행 현황을 비롯해 토론의 장, 설문 분석을 통해 나온 피드백 내용 등을 함께 제공한다. 또한 포항EGS프로젝트의 의의, 안전성, 경제성 등에 대한 자세한 정보를 제

공하여 프로젝트에 대한 지역 주민들의 올바른 인식 형성에 도움을 준다.

참으로 친절한 '지역 주민 관리 방안'이었다. 비록 그 보고서 작성자들이 포항지열발전소 부지의 단층대를 외면하긴 했지만 지역 주민들에게는 참으로 친절해야 한다고 주문했다. 2)번의 '설문'에는 무려 9개 항의 설문 예시까지 열거해뒀으며, 그중에는 "포항EGS프로젝트와 관련하여 '미소진동'에 대해 들어본 적이 있습니까?"라는 것도 있다.

그러나 어느 하나라도 실행했는가? 전혀 없었다. 산업통상자원부에 제출하는 '보고서'에만 구색을 맞추는 '립-서비스'에 지나지 않았다. 만약 '관리 방안' 보고서 자체에서 지역 주민과의 소통 방안을 소홀히 다루고 넘어갔다면, 산업통상자원부에 가서 '퇴짜'를 맞았을 것이다.

넥스지오 컨소시엄이 인터넷으로 어떤 소통을 했나? 박물관을 만들고 공원을 조성했나? 군사기밀시설처럼 접근금지, 무단출입금지만 내걸었다. 지역 주민과 어떤 협의회를 만들었다는 것인가? 포항시나 포항시의회와 협의회를 만들었다는 것인가? 포항지열발전소가 위치한 포항시 흥해읍에서 넥스지오가 만든 '협의회'에 초대된 사람은 존재하지 않는다.

공청회? 일간지 홍보? 설문? 그 어느 것도 이뤄지지 않았다.

흥해읍은 가을에 포항시의 예산을 받아 '허수아비 축제'를 개최하는데 넥스지오 컨소시엄은 혹시 그 허수아비들을 초대해 '협의회'를 만들었다는 것인가? 허수아비들을 불러모아 '유발지진에 대한 공청회와 토론회'도 개최했다는 것인가?

흥해 주민들을 '무식한 사람들'이라고 얕잡아봤는가? 아니, 그래서 지역 주민과의 소통은 완전히 무시했다고 치더라도, 그 보고서에 나와 있는 "한동대학교와 협력 사항 논의"라는 것은 실행했는가? 똑똑한 교수들과 대학생들의 집단인 한동대학교와는 어떤 소통이라도 했는가?

모름지기 단 한 건의 '지역 주민과의 짧은 대화'는 조사돼 있다. 포항 지열발전소 인근에서 과수원 농사를 하고 있는 박래근 씨다. 지열정 굴착 공사를 진행하거나 지열정에 초고압 물주입을 시행하는 심야 시간대의 너무 격심한 소음을 견디다 못해 현장을 찾아가 항의했더니 넥스지오 측이 한낮에 음료수 한 박스를 들고 집으로 찾아와 사과하며 이해를 구하더라는 것이다. 이 책의 4장 말미에 그의 증언 전문을 싣는다.

흥해 허수아비축제 홍보 현수막

지역 주민과의 소통을 완전히 부시한 것은 규모 5.4 포항지진을 초래하는 핵심 요인이 되었다. 왜냐하면, 그것은 지역 주민들이 '유발지진 발생'이라는 심각한 문제점을 인지하고 그에 대응할 수 있는 기회를 원천적으로 봉쇄함으로써 "스톱"시킬 수 있었던 기회를 원천적으로 봉쇄해버린 것이었기 때문이다. 물론 넥소지오 컨소시엄은 유발지진을 두려워하는 지역 주민들의 집단반발을 사전에 예방하려는 목적에서 유발지진들을 철저히 은폐하며 모든 소통의 길을 차단했을 것이다.

넷째, 관련 기관들이 63회 유발지진을 철저히 은폐했다

　포항지열발전소 63회 유발지진이 2017년 11월 15일 발발한 규모 5.4 포항지진을 촉발했다는 것은 김광희·이진한 교수 등이 《사이언스》에 게재한 논문과 정부조사단의 공통된 결론이다. 가장 중대하고 심각한 문제는 산업통상자원부, 기상청, 한국에너지기술평가원 등 관계 기관들이 그 사실을 단 한 번도 포항시민(지역 주민)에게 알리지 않았다는 점이다. 넥스지오 컨소시엄도 지역 주민에게 유발지진 발생 사실을 공지한 적이 없었다. 현장 관할 기관인 포항시에는 통지했는지 안 했는지를 넥스지오가 직접 밝힌 적은 없었으며, 포항시는 통지 받은 적이 한 번도 없었다고 밝혔다.

국회 국토교통위원회 소속 국민의당 윤영일 의원(전남 해남 완도 진도)이 산업통상자원부와 기상청의 자료를 분석한 결과 2016년 1월 29일부터 2017년 10월 17일까지 지열발전소에서 물 주입과 배출이 각각 73회, 370회 등 모두 443회 실시됐다. 이로 인해 2016년 41회(규모 2.0 이상 8회)에 이어, 2017년에 22회(2.0 이상 2회) 등 모두 63회(2.0 이상 10회)의 소규모 지진이 발생했다. 윤 의원실이 배포한 자료대로 물을 넣고 뺄 때 진동이 발생하고 지각에 영향을 줄 수 있기 때문에 발전소 측은 자체 모니터링 시스템을 통해 지진발생 여부를 측정해왔다. 이 자료 하단에는 '미소진동 관측 횟수는 현장에서 운영하고 있는 미소진동관측망에 2017년 10월 17일까지 기록된 자료의 기상청 규모 환산식에 따른 1.0이상 관측횟수'라고 적혀 있어 그 이하까지 포함해 분석하면 외국의 사례와 맞먹는 횟수가 나올 가능성도 충분하다.

- 임재현, 앞의 책, 61쪽

2017년 11월 15일 규모 5.4 포항지진 발발 직후 윤영일 국회의원(현재 평화민주당)이 산업통상자원부 신재생에너지과로부터 제출 받은 자료를 살펴보면, 이미 관련 공무원들도 EGS 지열발전이 촉발시킬 유발지진들을 인지하고 있었다. 앞서 언급했다시피, 국책사업으로 추진되는 포항EGS지열발전소의 〈설계 단계 시 지진영향성 검토 여부 및 지진영향성 검토 보고서〉에는 "연구개발 수행과 관련하여 미소진동에 의한 지중 영향력 관리(지진 영향력 관리)를 위한 방안을 마련"하는 것으로 나와 있으며, 세부적으로는 "포항 EGS 프로젝트 미소진동 관리 방안, 지반진동에 대한 사전 검토 및 허용한계 설정, 미소진동 모니터링 시스템 구축 및 관리계획 등 수립"이라는 방안이 적시돼 있다. 산업통상자원부 관련 공무원들은 해외 EGS지열발전의 유발지진(미소지진) 발생 사례를 인지하고 있었던 것이다.

2017년 4월 15일(토요일) 규모 3.1 유발지진이 발생하고 이틀 지난 2017년 4월 17일(월요일) 이메일 공문을 살펴보면(이 책 15쪽 참조), 한국에너지기술평가원 담당자가 그것을 받아 산업통상자원부 담당공무원에게 보고했다. 그때 포항시에는 알려줬는가? 포항시 담당공무원은 "그런 적 없었다"라고 딱 잘라 말했다.

그 고도의 수많은 위험 신호들을 포항지열발전소 관련 업자들, 관련 학자들, 관련 연구원들, 산업통상자원부 담당공무원들만 알게 되면 끝인가? 그 고도의 위험을 덮어쓰게 되는 지역 주민은 무슨 일을 당하게 되든 상관없다는 것인가? EGS지열발전소가 무엇인지, 그게 미소지진, 유발지진이라는 인공지진을 촉발한다는 것도 까맣게 모르는 '무식한 자들'이니까 그냥 모르게 덮어놔야 시끄럽게 굴지 않는다. 은폐하고 있어야 청정 신재생에너지 확보라는 국가백년대계와 넥스지오의 코스닥 상장 성공이라는 '대박 욕망'을 방해하는 데모를 벌이지 않는다. 이러한 속셈이었는가? 지역 주민, 포항시민이 당연히 알아야 하는 권리이고, 관계 기관들과 넥스지오는 당연한 책무 수행으로 지역 주민들에게 '제때 제대로' 알려야 하는 '고도의 위험 신호'를 어찌 그토록 철저하고 완전하게 은폐할 수 있었다는 말인가? 이거야말로 포항지진이 '인재'요 '관재'라는 결정적인 증거이며, 더할 나위 없는 '관재'라는 증거이다.

다섯째, 코스닥 상장이라는 '대박 욕망'을 파헤쳐야 한다

63회 유발지진들을 철저히 은폐하고 지역 주민과의 소통을 완전히 배제한 배경에는 '경제적인 이유'가 도사렸을 가능성이 높다.

2016년 하반기에 넥스지오는 '보유하고 있는 지열발전 기술'을 바탕으로 코스닥에 기술특례상장을 추진하기로 하고 9월 중 상장예비심사를 청구하여 연내에 거래를 개시한다는 계획을 세웠다. 2016년 10월 17일 인터넷 매체 《이데일리》에 다음과 같은 기사가 보도되었다.

한국거래소 코스닥상장본부는 넥스지오 등 4개사의 상장예비심사 청구서를 접수했다고 17일 밝혔다. 상장예비심사 청구기업은 하나금융8호기업인수목적(합병대상 모비스), 이베스트기업인수목적2호(합병대상 켐온), 넥스지오, AP시스템(분할재상장)이다. 넥스지오는 엔지니어링 및 자원탐사개발 용역을 주로 영위하며 지난해 매출액 105억 원, 영업이익 9000만 원을 기록했다. 한편, 거래소에 따르면 현재 상장예비심사가 진행 중인 회사는 총 34사이며 모두 국내기업이다. 올해 상장예비심사 청구서를 제출한 회사는 총 94사이다.

그런데 넥스지오는 2016년 1월부터 포항지열발전소에서 수리자극 등 시험가동에 들어가 있었다. 이때 간과할 수 없는 핵심적 문제는 그들이 '미소진동'이라고 예쁘게 부르는 '유발지진'들이 그 현장에서 발발했다는 사실이다. 2016년 2월의 유발지진(미소진동) 9회 발발을 포함해 넥스지오가 코스닥 예비상장에 등재한 다음인 2016년 12월에만 유발지진(미소진동)이 29회나 발발했다.

만약 코스닥 예비상장까지 해놓은 넥스지오가 '유발지진'들 발생 사실을 지역 주민에게 알렸더라면, 어떤 일이 일어났겠는가? 보나마나 흥해 주민들이 왕창 몰려가서 즉각 지열발전소 건설을 중단시켰을 것이다. 그러니 코스닥 상장의 '대박 욕망'에 사로잡힌 넥스지오로서는 유발지진들을 철저히 숨겨야 했다. 대박이냐 쪽박이냐—그때 시점에서는 유발지진들을 숨기느냐 알리느냐에 달려 있었다.

넥스지오는 2017년 3월 31일 코스닥 상장예비심사를 스스로 철회했다. 지역 주민이 전혀 모르는 가운데 지역 주민에게는 기도비닉의 작전처럼 실시했던 그 원대한 '대박 욕망'을 스스로 철회한 이유는 무엇이었을까? 인터넷 매체 《더 벨》 뉴스는 2017년 4월 5일 다음과 같이 보도했다.

지열에너지 자원 전문기업인 넥스지오가 코스닥 상장예비심사를 자진철회했다. 심사철회 사유는 공개하지 않았지만 거래소 심사 기준을 통과할 만하지 못하다고 자체 판단한 것으로 보인다. 넥스지오 측은 "거래소 심사과정에서 복합적인 이유로 인해 철회하게 됐다"며 "재추진할 계획으로 알고 있다"고 말했다. 이어 "기술평가(TCB) 유효기간이 지난 1월 11일 만료됐다"며 "지난 3월말까지 제3자 기술실사보고서 제출이 불가할 시에는 상장철회 후 기술평가(TCB)를 다시 받고 기술실사보고서를 포함해 재청구하라는 거래소의 요청을 받았다"고 말했다.

도대체 넥스지오가 보유하고 있다고 자랑스레 내세웠던 자신만의 특화된 기술의 목록과 내용이 무엇이었을까? EGS 지열발전 기술은 넥스지오가 세계 최초로 개발한 것은 틀림없이 아니다. 넥스지오가 포항시 흥해읍 한동대학교 인근에다 포항지열발전소를 건설하겠다고 나선 것보다 훨씬 이전에 프랑스, 스위스 등 세계 여러 곳에 이미 EGS 지열발전소 개발 선례들이 있었기 때문이다. 어쨌든 넥스지오는 유효기간이 만료된 '제3자 기술실사보고서'를 2017년 3월 말까지 제출하지 못한 채 뒷날에 그것도 다시 갖춰서 코스닥 상장에 재도전하겠다는 의사와 의지를 보여주고는 '대박 욕망'에서 한발 물러서게 되었다.

넥스지오가 실력 부족으로 코스닥 상장의 대박 욕망에서 한발 물러선 직후, 2017년 4월 15일과 16일, 포항지열발전소에서는 규모 3.1 유발지진을 비롯해 그들의 표현에 따르자면 미소'진동'이 무려 13회나 일어났다.

넥스지오가 지역 주민과의 소통을 철저히 회피해왔지만 아무리 늦었어도 규모 3.1 유발지진이 발발했을 때는 이미 코스닥 상장예비심사도 자진철회한 터에 지역 주민과의 대화에 나서야 했다. 왜 그때도 포항에는 은폐했던 것일까? 코스닥 상장 '재추진' 의욕이 너무 강했던 것일까?

업자와 학자와 공무원이 은폐의 카르텔을 버리지 못하는 날들이 지속되는 가운데 포항지열발전소 땅속 깊은 데서는 인재와 관재를 견뎌내기 어려운 유발지진들이 마침내 그들 몰래 핵폭탄으로 뭉치고 있었다.

2장 5번이나 포항지진을 막을 기회가 있었다

"국민소득 3만 달러의 선진국에서 2000~3000달러 후진국 사태가 발생한 것이다. 무지(無知)와 자료 해석 부실, 안전관리 부재 등으로 참사를 막을 기회를 놓쳐 버렸다."

이진한 교수의 중앙일보 인터뷰(2019. 3. 22)에 나온 탄식이다. 그의 탄식은 "포항지진을 막을 기회가 최소 4번은 있었다"는 뜻이기도 했다.

그는 '최소 4번'이라 했지만 '정책적, 행정적 판단을 잘못한 것이었다'고 추론할 수밖에 없는 기회를 하나 더 추가할 수 있다. 그래서 5번의 기회가 있었다고 우리는 판단한다. 물론 5번의 예방 기회는 '넥스지오의 대담하기 짝이 없는 묵살'과 '관계 기관들의 이해할 수 없는 방조'가 모두 무산시켰으며, 결국 묵살과 방조가 하나로 어우러져서 2017년 11월 15일 규모 5.4 포항지진이라는 대형 참사를 불러냈다.

규모 5.4 포항지진을 '대형 참사'라고 하면 2016년 9월 12일의 경주지진은 규모 5.8이었지 않았느냐고 반문하는 사람도 있을 수 있다. 물론 경주지진이 포항지진보다 더 큰 규모였다. 그러나 포항지진은 자연지진이 아니라 인간이 단층대를 무너뜨린 인공지진이어서 진원의 깊이가 얕아 경주지진보다 더 심각한 피해와 충격을 초래할 수밖에 없었다.

과연 포항지진을 예방할 수 있었던 기회란 어떤 것일까? 포항지열발전소 관계자들이 '인재'를 막아내고 관계 기관들이 '관재'를 막아낼 수 있었던 5번의 기회, 어마어마한 재앙을 미리 막아낼 수 있었던 기회들이란 무엇을 말하는가?

첫 번째 : '단층이 있다'라는 결정적 증거부터 깔아뭉갰다

포항지열발전소 부지 선정 과정에서 가장 중요한 기본원칙인 '단층대 존재 여부에 대한 사전 탐사'를 전혀 실시하지 않았을 뿐만 아니라 흥해읍 일원에 작은 단층대들이 있다는 기존 연구조사마저 자의적이고 고의적으로 무시하거나 외면했을 가능성에 대해 앞에서 지적했다. 그것이 '단층대와 관련된' 포항지진 예방의 첫 번째 기회를 걷어찬 행위였다. '단층대와 관련된' 두 번째의 기회를 또다시 고의적으로 걷어 찬 일이 벌어졌다.

땅속의 섭씨 180도 지열과 만나기 위해 지열정을 굴착하는 과정에 "단층대가 있다"는 사실을 알려주는 결정적인 증거가 나타났다. 그것은 행운의 여신이 말을 걸어온 것과 같았다. 포항사회와 한국사회를 통틀어 가장 특별한 초유의 어마어마한 참사를 예방해주려는 천우신조처럼 나타난 행운이었는지 모른다.

그때는 2015년 11월에서 12월 사이로, 포항지열발전소에서 수리자극을 시작하기 전이었고, 생산정(PX-2) 시추 공사를 마무리하는 중이었다. 수압을 낮추기 위한 수단으로 물과 진흙을 돌리면서 집어넣었다. 이 작업에서 땅속에 단층대가 없다면 이수(泥水)가 다시 올라와서 이를 회수하게 된다. 그런데 단층을 만났거나 건드렸을 경우는 어떤 현상이 일어나는가? '진흙물'이 모두 사라져 버린다. 이것을 Mud loss, 즉 '이수 유실' 또는 '이수 누출'이라고 하며, 이수 유실은 '미소지진'을 자극할 수 있다.

포항지열발전 시추 현장에 '이수 유실'이 발생했다. 단층대가 존재한다는 사실을 알리려고 땅속의 자연이 땅 위의 인간들을 향해 아우성을 내지른 것이었다. 평범한 시민의 귀에는 들리지 않아도 포항지열발전소 관련자들은 누구나 들을 수 있는 '땅속 자연의 목소리'가 "여기는 EGS지열발전소를 세울 자리가 못 된다"라고 고래고래 외친 것이었다.

당연히 과학적 지식과 양심에 따라 시추작업을 중지하고 정밀조사를 실시해야 했다. 그러나 그들은 그것을 적내세력의 성가신 잔소리로 여긴 것처럼 완전히 깔아뭉갰다.

기존 조사연구가 밝혀놓은 단층대는 슬그머니 흘려버리고, 시추 작업 중의 이수 유실이 알려준 단층대는 보지 못한 것으로 눈감아버린 행위 —이것은 포항지진을 막을 수 있었던 '첫 번째 기회'를 자의적이고 고의적으로 걷어차버린 재앙의 발길질이었다.

두 번째 : 스위스 전문가의 '정밀조사 주장'을 묵살했다

2006년 12월 스위스 바젤에서 규모 3.4지진이 발생했다. EGS지열발전소 개발 과정의 유발지진이었다. 시행사는 곧바로 유발지진 발생 사실을 감독관청에 보고하고 주민들에게 알리고 언론에 공표하는 동시에 수리자극의 수압과 유량을 조절하면서 모니터링을 더 강화했다. 규모 2.3에서 규모 3.5 이하의 유발지진이 발생한 경우의 '신호등체계'에 따라 신속하게 행동한 것이었다.

그럼에도 불구하고 사법당국이 15분 만에 출동해 현장에 대한 압수수색을 단행했다. 이후 2009년 바젤 EGS프로젝트는 영구 중단되었으며, 그 현장은 유발지진 추가 발생을 예방하기 위한 과학적이고 행정적인 보호를 받게 되었다.

포항지열발전소는 『포항 EGS 프로젝트 미소진동 관리 방안』에서 바젤EGS지열발전소를 주요 모델로 삼았다. 바젤EGS는 지열발전에는 실패한 사례이다. 그러나 넥스지오 컨소시엄, 한국지질자원연구원, 산업통상자원부 등이 똑같이 '미소진동'이라 명명한 '미소지진' 관리 및 대응에 대해서만은 확실히 성공한 사례였다. 하여튼 어떤 사정인지 알 수는 없어도 바젤EGS지열발전소 프로젝트를 추진했던 스위스 전문가들을 포항EGS지열발전소는 현장으로 불러들였다.

포항지열발전소에 와서 자문을 맡은 스위스 사람은 바젤지열발전소 개발 책임자였던 '지오에너지'의 대표 피터 마이어 박사와 자문 로이 베리어였다. 그들이 지켜보는 가운데 2016년 1월 29일부터 1차 수리자극(물 주입)을 실시했다. 이때는 통상 수준의 수압(20㎫)이 적용되었다. 그런데 규모 1.4 유발지진이 발생했다. 포항지열발전소의 한국 전문가들이 창안한 용어로는 '미소진동'이고, 스위스팀을 비롯한 해외 전문가들의 지질학적 용어로는 '미소지진'이지만, 어쨌든 심각한 현상이 나타난 것이었다.

지열발전소 시추공을 만들 때 가장 중요한 자료는 바로 고압의 물을 이용해 암반의 틈을 만드는 수리자극 시 발생하는 작은 지진, 즉 미소지진의 정확한 위치다. 정확한 위치를 가장 정확하게 잡아내는 것은 시추공에 달려 있는 지진계다. 미소지진의 정확한 위치를 파악해야 암반에 틈을 내는 작업이 원하는 대로 되는지 파악할 수 있고 또한 물을 집어넣는 주입정과 뜨거워신 물을 끌어올리는 생산정이 서로 수리적으로 연결되어 있는지도 알 수 있다. 그러나 포항지열발전소 측은 시추공에 지진계를 설치했음에도 불구하고 수리자극 시 발생하는 미소지진 분석을 거의 안 했거나 부실하게 했다는 것이 이(진한) 교수의 주장이다

- SBS 뉴스, 2019. 3. 22.

이진한 교수가 "무지와 자료 해석 부실"을 안타까워했지만 '미소지진'을 '미소진동'이란 신조어로 지칭했던 그들의 원칙 파기, 안전 불감, 대박 욕망은 첫 미소지진의 위험 경고를 묵살했을 것이다.

1차 수리작업이 유발한 미소지진들에 대해 넥스지오 컨소시엄 관계자들과 스위스팀은 서로 용어가 달랐던 것처럼 미소지진에 대한 판단도 근본적으로 달랐다. '미소진동'이라 부른 한국 전문가들은 말 그대로 유발지진을 '진동'이라 왜곡했고, '미소지진'이라 부른 스위스 전문가들은 큰 재앙의 전조를 발견한 것처럼 심각하게 받아들였다. 용어와 판단의 왜곡은 결국 포항지열발전소의 폐쇄와 포항의 재앙으로 이어진다. 물론 그때 그러한 사실을 알아차린 포항시민은 한 사람도 존재하지 않았다. 그것이 알려진 때는 규모 5.4 포항지진이 발생한 날(2017년 11월 15일)로부터 열여섯 달쯤 지난 2019년 3월 초순이었다.

2019년 3월 5일부터 9일까지 스위스 다보스에서 유발지진 관련 국제 워크숍이 열렸다. 한국 학자들을 포함해 세계적인 지진 전문가들이 참석한 워크숍에는 '포항지열발소와 포항지진의 연관성' 규명에 동

참한 정부조사단의 해외 학자인 Giardini 교수와 Ellsworth 교수도 참석했다. 여기서 피터 마이어 박사가 충격적인 사실을 공개했다. 2016년 1월 포항지열발전소에서 1차 수리자극 후 규모 1.4 미소지진이 발생하자 스위스팀은 "주입한 물의 양에 비해 너무 큰 지진이 발생한 만큼 2차 물 주입을 하기 전에 정밀조사를 해야 한다"라고 강력하게 주장했지만 묵살됐으며, 그래서 자신들은 포항을 떠나게 됐다는 것이었다.

바젤EGS지열발소 개발 과정에서 미소 유발지진들에 이어진 규모 3.4 유발지진 때문에 프로젝트를 포기해야 했던 스위스팀의 선험적 주장(포항지열발전소 지하 지층에 대한 정밀조사 실시 주장)을 묵살한 행위는 규모 5.4 포항지진을 막을 수 있었던 '두 번째 기회'를 파묻어버린 것이었으며, 세계 지진학계에 '포항 교훈(Pohang lesson)'이라는 불명예의 신조어가 등장하게 만드는 계기가 되었다.

세 번째 : 유발지진 신호등체계를 제멋대로 뜯어고쳤다

『포항 EGS 미소진동 관리 방안』이라는 보고서에는 그것을 작성한 한국 전문가들만 '미소진동'이라 칭하고 다른 세계적 전문가들은 모두가 '미소지진'이라 칭하는 '유발지진'에 대한 관리 방안이 포함돼 있다. 거듭되는 강조이지만, 포항EGS지열발전소 개발에서 유발지진 관리 방안은 반드시 마련돼야 했다. 왜냐하면 스위스, 독일, 프랑스, 미국, 호주 등 실패했든 성공했든 세계의 모든 EGS지열발전 개발에는 많은 '미소 유발지진들'이 발생한 데 이어 인간에게 심리적 상처를 남기고 건물에 피해를 끼치는 제법 큰 '유발지진들'이 발발했기 때문이었다.

앞서 말했다시피 해외 실패사례들을 익히 알고 있는 한국 전문가들은 '지열발전에는 실패했으나 미소지진 관리와 대응에는 성공한' 스위스 바젤의 경우를 모델로 삼아 미소진동(미소 유발지진)에 대한 관리 방안을 '보수적'으로 설계했다. '보수적'이란 용어는 그들이 선택한 것인데, 쉽게 말하면 바젤보다 더 깐깐하게 유발지진에 대한 신호등체계를 만들었다는 뜻이다. 그 보고서의 한 부분을 인용하면 다음과 같다.

본 보고서에서는 포항 EGS 프로젝트에 사용할 미소진동 안전 관리 체계를 제안하기 위해 바젤 DHM 프로젝트와 엘살바도르 베를린에서 진행된 지열발전 프로젝트에서 사용한 신호체계시스템을 참고하여 포항 EGS 프로젝트의 특성을 반영한 Trafflic Light System을 제안하였다. … 바젤 DHM 프로젝트에서 사용된 신호체계시스템은 Green 신호 1단계, Amber 신호 3단계, Red 신호 1단계로 총 5단계로 나뉘어 있으며 각 단계마다 미소진동의 규모, PGV 기준과 대응법이 나타나 있다. 포항 EGS 프로젝트에 제안될 신호체계시스템도 바젤 DHM 프로젝트에서 제안된 신호체계시스템을 참고하여 Green 1단계, Amber 3단계, Red 1단계로 나누고자 한다. … 이를 참고하되 국내의 지반진동 규제기준과 통합하여 포항 EGS 프로젝트용 신호체계시스템은 Green 신호를 인간에 의해 감지되지 않는 수준(0.08cm/s 이하), Amber 신호 1단계를 인간에 의해 감지될 수 있는 수준(0.08cm/s 이상), 2단계를 인간이 불쾌함을 느끼는 수준(0.5cm/s 이상), 3단계를 조적식 벽체, 목재로 된 천장을 가진 구조물의 허용기준(1cm/s 이상), Red 신호를 지하기초와 콘크리트 슬래브를 갖는 조적식 건물의 허용기준(2cm/s 이상)으로 정하였다.

일반시민이 쉽게 이해할 수 없는 용어들이 널려 있다. 그러나 EGS 지열발전소 개발(건설)에서 유발지진 신호등체계란 별것이 아니다. 시추 공사 중에도 지반을 자극해 미소지진을 일으킬 수 있지만 고압의 물 주입(수리자극)은 필히 미소 유발지진을 초래하게 되니 그 지진의 규모에 따라 어떤 조치를 취해야 하는가에 대한 가이드라인이다. 도로의 신호등에 들어오는 녹색, 황색, 적색의 불빛에 따라 운전자와 보행자가 움직여야 하는 것처럼, 유발지진의 규모에 따라 지열발전소 관리자들이 어떻게 행동해야 하는가를 규정한 것이다.

포항지열발전소의 애당초 신호등체계는 5단계였다. 규모 1.0 유발지진 이하는 Green(녹색), 규모 1.0 이상 유발지진에서 규모 2.0 유발지진까지는 Amber(황색), 규모 2.0 이상 유발지진에는 Red(적색)인데,

황색의 경우는 다시는 3단계로 세분돼 있있다. 바젤의 것보다 '보수적'으로 설계했다는 그 자랑은 다름 아니라 바젤이 황색 상한을 규모 2.3으로 잡았지만 포항은 규모 2.0으로 낮췄다는 뜻이다. 그래봤자 규모 2.0 이상이 발생하기 무섭게 규모 2.5로 끌어올려 버리지만······.

유발지진 발생의 각 단계별 대응 조치(관리 방안)도 정해져 있었다.

녹색(1단계)에서는 미소진동(지진) 관측팀이 일반적인 보고만 하고 일반적인 작업을 그대로 진행한다.

황색 3단계 중 1단계, 즉 2단계(규모 1.0~1.4)에서는 관측팀이 수리자극팀에 알리고 주입 유량(주입하는 물의 양)을 더 늘리거나 더 강한 수리자극을 하지 않고(물 주입의 압력을 더 세게 하지 않고) '일정하게' 유지한다.

황색 3단계 중 2단계, 즉 3단계(규모 1.4~1.7)에서는 관측팀이 수리자극팀에 '경고'를 보내고 넥스지오의 운영진에 보고하고 주입 유량은 감소 또는 중단하며 주입 압력은 감소 또는 일정하게 유지한다.

황색 3단계 중 3단계, 즉 4단계(규모 1.7~2.0)에서는 관측팀이 수리자극팀이나 넥스지오 운영진에만 알리는 것이 아니라 포항지열발전소 컨소시엄 기관인 한국지질자원연구원, 한국건설기술연구원, 서울대 산학협력단, 주식회사 포스코, 주식회사 이노지오테크놀로지 등에도 보고하고 물 주입을 중단하며 주입 압력에서 초과된 압력을 제거해야 한다.

가장 위험한 단계인 적색(5단계, 규모 2.0 이상)에서는 넥스지오 운영진과 컨소시엄 5개 기관뿐만 아니라 기상청, 포항시청, 산업통상자원부, 에너지기술평가원 등 관리감독 관청에도 반드시 보고하고 물 주입을 중단하며 주입 압력에서 초과된 압력을 제거해야 한다.

그럼에도 불구하고 포항지열발소에서는 엉뚱한 일이 음모처럼 추진되었다. 그때는 2차 수리자극을 실시한 뒤인 2016년 크리스마스 무렵이었다. 2016년 12월 15일부터 12월 28일까지 2차 물 주입(수리자극)을 진행하는 가운데 12월 23일에 규모 2.2 유발지진이 발생했다.

처음에 만들어놓은 신호등체계를 준수하자면 당연히 컨소시엄 5개 기관에 알려야 하고 관리감독 관청에도 보고해야 했다. 다시 말해 한국지질자원연구원, 한국건설기술연구원, 서울대 산학협력단, 포스코, 이노지오테크놀로지 등에도 기본적으로 알려야 하고 기상청, 포항시청, 산업통상자원부, 에너지기술평가원 등에도 즉시 보고해야 했다.

그러나 포항EGS프로젝트 관리자들은 12월 26일 기존 신호등체계에서 적색(5단계) 유발지진의 기준을 규모 2.0에서 임의로 규모 2.5로 상향해 버렸다. 제멋대로 끌어올림으로써 유발지진의 규모에 가장 민감할 수밖에 없는 포항시청에 통보해야 할 근거를 그때 유발지진 규모 기준에서는 원천적으로 없애버린 것이기도 했다. 실제로 사흘 뒤 12월 29일, 규모 2.3 유발지진이 발생했다. 이번에는 '포항시청 등 상급 관리감독 기관에 알려야 하는지 덮어둬야 하는지'에 대해 고민할 필요가 없었다.

규모 2.0 이상이 '적색'이라는 기준도 지질학적으로는 아무런 근거 없이 그저 바젤의 사례를 참고해 '유발지진 은폐'에나 써먹은 임의 수치였지만, 그나마 제멋대로 더 높이 끌어올림으로써 지역사회가 유발지진들에 대해 알아차릴 수 있는 샛길마저 원천적으로 봉쇄하는 대신에 재앙을 스스로 불러들이는 대로(大路)를 열어준 격이었다. 결국 그것은 포항지열발전소 관련 기관들이 규모 5.4 포항지진을 막을 수 있었던 '세 번째 기회'를 팽개쳐버린 자의적 행동이었다.

네 번째 : 규모 3.1 유발지진마저 포항에는 은폐했다

2017년 4월 15일 토요일, 정오를 앞둔 한낮이었다. 포항 시내 이곳 저곳 예식장에는 결혼식이 열리는 시간이었다. 그날 그때 모든 하객들이 순간적으로 거의 똑같은 경험을 했다. 갑자기 건물이 트림을 하듯 부르르 떨리는 느낌을 받았다. 5.4 포항지진이 터진 다음에야 알게 되지만, 그것은 포항지열발전소의 규모 3.1 유발지진이었다. 다만 그 불쾌한 흔들림을 지진이라고 느끼지 않은 사람은 없었다. 너도나도 "또 지진이네" 하며 서로 쳐다보았다.

그러나 어느 누구도 심각한 표정은 아니었다. 모두가 그저 무덤덤하게 여겼다. 그것이 포항지열발전소에서 발생한 유발지진이라고 상상할 수 있는 포항시민은 한 사람도 없었다. 기상청이 알려준 것도 아니었다. 모두가 똑같이 "규모 5.8 경주지진의 여진이 또 왔구나" 하고 말

앉다. 4월 18일엔 608번째 경주지진의 여진이 발생했으니, 계속 이어진 경주지진의 여진들은 포항지열발전소 관리자들이 숱한 유발지진들과 규모 3.1 유발지진까지 쉽게 은폐할 수 있는 매우 유용한 도구로 써먹을 수 있었다.(자연지진으로서는 한국 계측기 관측 이래 가장 큰 지진으로 기록된 규모 5.8 경주지진은 2016년 9월 12일에 발생했다.)

넥스지오는 3차 수리자극에 의해 규모 3.1 유발지진(그들의 용어로는 미소진동)이 일어났다는 것을 혼자만 알고 그냥 그대로 덮어둘 수가 없었다. 몇 달 전 신호등체계를 제멋대로 뜯어고쳐서 '적색(5단계)'을 규모 2.5 유발지진 이상으로 상향해뒀는데 그마저 훌쩍 뛰어넘은 유발지진이 발생했으니 관리감독 관청에 보고해야 했다. 넥스지오는 에너지기술평가원에 보고하고, 에너지기술평가원 담당자는 산업통상자원부 담당 서기관에게 보고했다. (이 책 15쪽 참조)

그런데 규모 3.1 유발지진이 발생한 상황에서 넥스지오와 관계 기관들이 회피할 수 없이 반드시 실행해야 하는 가장 중요한 책무는 두 가지였다. 첫째는 어느 곳에서 담당하든 포항시민에게 공개하는 것이고, 둘째는 비록 늦었더라도 수리자극을 중단하고 정밀지질탐사를 실시하는 것이었다.

그러나 그들은 어떻게 했는가? 제멋대로 뜯어고친 신호등체계라도 제대로 준수했는가? 그랬더라면 당연히 포항시청에 통보하여 포항시민이 알 수 있도록 해야 했다. 에너지기술평가원을 통해 보고받은 산업통상자원부 담당공무원들은 그 엄중한 위험 경종을 해당 지역 주민들에게 공지하기 위해 어떤 조치를 강구했는가? 그들이 행정고등고

시든 무엇이든 공무원 채용 시험을 준비하느라 한 번쯤은 읽었을 테지만 대한민국 헌법 제7조 1항은 이렇게 명시하고 있다.

공무원은 국민 전체에 대한 봉사자이며, 국민에 대하여 책임을 진다.

국민에 봉사를 하지 않고 책임을 지지 않더라도 아무런 힘을 들일 것도 없었던 그 '위험 경종'만은 해당 지역 주민에게 알려주는 방안을 강구하고 실행했어야지 않는가? 아니, 한국지질자원연구원, 서울대학교 등 5개 기관이 열심히 만들어놓은 '관리 방안' 중 '그 친절한 주민소통 방안들'의 하나쯤이라도 그때는 실행하도록 관리·지휘·감독했어야지 않는가?

포항지열발전소의 민관(民官) 관리자들이 왜 규모 3.1 유발지진마저 포항에는 은폐했던가에 대한 추론은 앞에서 펼쳐보았지만, 규모 5.8 경주지진의 여진들을 은폐 수단으로 악용했을 개연성이 아주 높은데, 그 결정적 은폐는 포항시민이 포항지열발전소 건설에 대해 공론화할 수 있는 기회를 또다시 원천적으로 봉쇄함으로써 결과적으로는 규모 5.4 포항촉발지진을 막을 수 있었던 가장 중요한 '네 번째 기회'를 땅속 깊이 파묻은 꼴이 되고 말았다.

다섯 번째 : 규모 3.1 유발지진 뒤에도 초고압 수리자극을 강행했다

부지 선정이나 업자 선정은 이명박정부에서 이뤄졌고, 4번이나 찾아온 '포항지진 예방'의 기회를 망실한 것은 박근혜정부에서 이뤄졌다. 규모 5.4 포항지진을 막을 수 있었던 마지막 다섯 번째 기회는 문재인정부 출범 후에 살려내지 못했다.

2017년 3월 16일부터 4월 14일까지 3차 수리자극을 실시한 직후였던 4월 15일에 규모 3.1 유발지진이 발생한 뒤로 넉 달 가까이 수리자극을 중단하고 있던 포항지열발전소가 4차 수리자극, 5차 수리자극을 실시한 것은 각각 2017년 8월 7일부터 8월 14일까지, 8월 30일부터 9월 28일까지였다.

2017년 5월 10일 제19대 문재인 대통령이 취임하며 새 정부가 출범하였다. 정권인수를 준비할 기간이 생략되었기 때문에 '온전한 내각'을 갖추지 못한 상태였다. 산업통상자원부도 그랬다. 2016년 1월부터 박근혜정부의 산업통상자원부 수장을 맡았던 주형환 장관은 2017년 7월 24일에야 문재인 대통령이 임명한 백운규 장관에게 자리를 물려주게 되었다.

7월 3일 문재인 대통령이 장관 후보자로 지명했던 신임 백운규 산업통상자원부 장관의 경력에서 특히 주목을 받은 것은 한양대학교 '에너지공학과 교수'라는 점이었다. 탈원전에다 탈석탄발전의 깃발까지 내건 새 정부가 그 대안 에너지로 총력을 기울여 개발하게 될 '신재생에너지'의 적임자 아닌가 하는 것이 대체직인 하마평이었다. 청와대 대변인이 발표한 기대감이 부추긴 여론이기도 했다.

백 교수는 에너지 수요 예측과 신재생에너지 분야의 권위 있는 학자로, 산업 에너지 정책에 대한 깊이 있는 통찰력으로 새 정부의 산업통상자원 정책을 이끌 적임자라는 게 청와대의 설명이다. 특히 산업경제 활력을 회복해 일자리를 창출하고 4차 산업혁명에 걸맞은 신성장기반 동력 확충은 물론 석탄화력, 원전 등 기존 에너지원을 대체할 미래 에너지 발굴도 혁신적으로 추진할 것으로 기대한다고 박 대변인은 말했다.

- EBN, 2017년 7월 3일

신재생에너지 분야 전문가이며 에너지공학과 교수 출신인 신임 산업통상자원부 장관이 포항지열발전소 현황에 대한 보고를 처음 받은 때는 언제였는가? 산업통상자원부가 스스로 공개하지 않으면 국회의원이나 감사원의 관련 자료 요청을 통해 확인할 수밖에 없는 노릇이지만, 주형환 장관 시절부터 포항시민에게 철저히 은폐해온 포항지열발전소의 수많은 '유발지진들'에 대해 백운규 장관이 처음 보고를 받은 때는 언제였는가? 이 날짜는 중요하다. 포항지열발전소 관계자들이 2017년 4월 15일 이후 계속 중단하고 있던 수리자극을 새 장관 취임 후 내리 두 번씩이나 실시했던 것이다. 더구나 5차 수리자극은 8월 30일부터 9월 28일까지 무려 한 달 동안이나 진행되었으며 주입 수

압도 유럽의 통상적인 것보다 무려 4배나 강력한 것으로 밝혀졌다.

　이쯤에서 새삼 기억할 것은 김대중-노무현-이명박-박근혜-문재인 정부로 이어진 포항EGS지열발전소 개발은 엄청난 지진을 일으키려는 목적과는 아무런 상관이 없었다는 사실이다. 김대중-노무현정부 시절에 '심부 지열을 에너지원'으로 활용하려는 목적으로 흥해읍 일원에 대한 지질 탐사를 했던 것과 마찬가지로, 이명박-박근혜-문재인 정부도 어디까지나 '신재생 미래 에너지원'을 확보하고 개발하려는 목적을 갖고 있었다.

　이명박정부나 박근혜정부와는 달리 문재인정부는 탈원전에다 탈석탄발전까지 들고 나왔으니 상대적으로 그것을 대체할 '신재생 미래 에너지원 확보'가 더 절실한 정책적 과제일 수밖에 없었다. 신임 산업통상자원부 장관이 태양광발전에 대대적인 지원책을 마련한 것도 새 정부의 에너지정책과 발을 맞추는 정책이었지만, 포항지열발전소가 상용화에 도전하고 있는 '지열발전'이라는 '신재생 미래 에너지'를 그가 모르지는 않았을 것이다.

　규모 3.1 유발지진마저 포항에는 은폐하는 가운데 지역 주민이나 정밀지질탐사에는 눈길도 돌리지 않고 있던 포항지열발전소 관리자들은 새 정부의 산업통상자원부 아래서 4차, 5차 수리자극을 1차, 2차, 3차와는 다른 방식으로 실시했다. 4차, 5차 수리자극은 '실험적인 방식'이거나 '훨씬 더 위험한 방식'이었다.

　먼저, 4차 수리자극의 '실험적인 방식'이란 무엇인가? 아래에 인용한 2019년 3월 24일 연합뉴스 기사가 잘 보여주고 있다.

유럽연합(EU)의 연구팀이 포항지진 3개월 전 새로운 물 주입 기술을 포항지열발전소에 처음 적용하는 등 포항이 국제실험장으로 활용됐다는 지적이 나온다. 24일 산업통상자원부와 포항지진 정부조사단 등에 따르면 2017년 8월 7일~14일 포항지열발전소에서 진행된 물 주입(수리자극) 작업에 디스트레스(DESTRESS)라는 독일과 스위스에 사무소를 둔 연구단체가 참여했다. 홈페이지에 따르면, 디스트레스는 EU로부터 연구자금을 지원받으며, 포항에도 적용된 '인공 저류층 생성기술(EGS)' 지열발전의 경제성과 친환경성을 개선하고 유발지진을 줄이는 것을 목표로 삼고 있다.

디스트레스는 2017년 11월 15일 규모 5.4의 포항지진이 발생하기 3개월 전 진행된 2017년 8월의 물 주입에 참여했는데, 당시 활동은 2019년 1월 30일 발간된 국제지구물리학저널(*Geophysical Journal International*)에 자세히 소개됐다. 한국지질자원연구원 연구원이 저자로 참여한 이 논문은 '부드러운 순환 자극(cyclic soft stimulation)'이라는 수리자극 방식을 실험실 환경이 아닌 실제 지열발전 현장에 적용한 게 포항이 처음이라고 밝혔다.

2017년 8월 7일부터 14일까지 일주일 동안 실시된 4차 수리자극, 그 실험적인 수리자극은 유발지진을 줄이려는 '반복주입 수리자극(부드러운 순환자극)' 모델 개발에 필요한 기술의 진화에는 무슨 도움이 됐는지 몰라도, 포항지열발전소에는 나쁜 독이 되었다. 지하의 단층에서 지진을 일으킬 스트레스를 계속 가중시키는 폭력 행위와 다름없었던 것이다. 오죽하면 정부조사단장 이강근 교수도 "4월 15일 규모 3.1 지진이 난 뒤에 그런 실험을 했으니 도의적 (책임에 대한) 지적이 있을 수 있다"(연합뉴스 2019. 3. 24)라고 점잖게 나무랐다.

다음, 5차 수리자극의 '훨씬 더 위험한 방식'이란 무엇인가?

유럽에서 창안한 아이디어를 한국 포항지열발전소에 와서 "최초로 실험 적용을 해보았다"는 4차 수리자극(반복주입 수리자극)은 5차 수리자극에 비하면 약과에 지나지 않은 것이었다. 4차가 포항지열발전소에 '나쁜 독'이 되었다면 5차는 '아주 나쁜 독극물'이 되었다고 해야 하고, 4차가 '폭력 행위'와 다름없었다고 한다면 5차는 '폭격 행위'와 다름없었다고 해야 한다. 5차 수리자극은 포항지열발전소에 독극물이 되고 폭격 행위가 되었다. 한 달에 걸친 초고압의 5차 수리자극은 '생산정(PX-2)'에서 이뤄졌다. 정부조사단은 규모 5.4 포항지진과 직접적인 연관성이 높은 유발지진들에 대해 '생산정(PX-2)'의 수리자극들이 일으킨 것이라고 밝혀냈다.

2017년 8월 30일부터 9월 28일까지 한 달 동안 실시된 5차 수리자극에서는 최고 압력이 무려 84.6㎫였다. 이것은 수리자극이 아니라 수압파쇄라 불러야 할 만큼 강력한 수압이다. 새삼 부연하면, 수압파쇄란 암반의 틈을 이용해 수압으로 암반을 깨는 방식으로 셰일가스 개발에 쓰이고, 수리자극이란 암반의 틈으로 적당한 압력으로 물을 주입해 그 틈을 벌려서 인공 저류층을 만드는 EGS시열발전 개발 방식이다.

무려 한 달에 걸쳐 실시된 초고압의 5차 수리자극, 이것은 숱한 유발지진들에 시달리면서 점점 더 견디기 어려운 임계 상태로 내몰리고 있던 단층에 계속 폭격과 같은 타격을 가하는 짓이었다. 5차 수리자극을 중지한 날로부터 정확히 47일이 지난 11월 15일 마침내 규모 5.4 포항지진은 터지고 말았다.

다섯 차례 진행되었던 수리자극을 권투 경기에 비유하자면, 1라운드부터 2라운드까지 여러 차례 매서운 잽에 시달리느라 이미 다리마저 후들거리는 선수가 어지러운 상태로 3라운드에 들어 훅을 먹고 나뒹굴게 되었으나 요행히 공이 울려 더 터지지는 않게 되고 4라운드에 다시 몇 차례 강한 주먹을 먹은 뒤 5라운드에서 스트레이트를 정신없이 얻어맞고 풀썩 무너졌는데, 즉시 수건을 던져서 살아나긴 했으나 자리보전 47일 만에 사망한 경우라고 할 수 있다.

규모 5.4 포항지진을 예방할 수 있었던, 불러내지 않을 수 있었던, 잠자게 내버려둘 수 있었던 '네 번째 기회'는 규모 3.1 유발지진이 발생한 뒤 모든 작업을 중단하고 아주 늦어졌더라도 지층에 대한 정밀 조사를 실시하는 가운데 포항시민에게 사실대로 공지하여 공론에 부치는 것이었다고 했다.

더구나 3차 수리자극에서 규모 3.1 유발지진을 불러왔던 원인이 중국 업체 유니온페트로를 동원해 수리자극 수압을 무모하게도 수리파쇄라 불러야 마땅한 89㎫까지 끌어올렸기 때문이라는 '뼈아픈 경험'

도 했던 그들이 왜 5차 수리자극에서 그와 유사한 초고압을 다시 활용했던 것일까? 규모 3.1 유발지진의 경험이 그들에게는 뼈아픈 경험도 아니었고 아찔한 위험도 아니었기 때문에 그때 이미 어느 땅속에 쓰레기처럼 파묻어버렸던 것인지……

포항EGS지열발전소 관리자들과 신재생 미래 에너지원 확보에 총력을 기울이겠다고 선언한 새 정부의 산업통상자원부 관계자들은 마치 동맹을 맺은 것처럼 불과 넉 달 전에 초고압 수리자극이 초래했던 큰 규모의 유발지진을 '마지막 위험 경고'로 받아들이지 않은 채 '실험적인 수리자극과 초고압 수리자극'을 무려 37일에 걸쳐 진행했다. 이것은 포항지진을 막을 수 있었던 '다섯 번째 기회'를 오히려 '인재와 관재의 큰 지진을 불러내는 과실'로 만들어 버렸다.

3장 포항지열발전소의 시작부터 종말까지

'포항지열발전소처럼 그렇게'

"스위스와 프랑스, 독일 등 8곳에서 이미 심부 지열발전소를 통해 전기를 생산하고 있다. 관리도 잘 하고 있다. 큰 문제가 없다. 미국도 최근 유타에서 심부 지열발전을 위한 파일럿 테스트를 시작했다. 여기서 멈추면 안된다. 무엇이 문제였는지 분명히 파악하고 계속 연구해가야 한다."

고려대학교 지구환경과학과 이진한 교수의 말이다.(중앙일보, 2019. 3. 22.) 포항지열발전소 실패를 반면교사로 삼고 하나의 자산으로 활용해 어디선가 다시 시작해야 한다는 뜻이다. 부산대학교 지질환경과학과 김광희 교수와 함께 규모 5.4 포항지진이 포항지열발전소의 유발지진들이 촉발한 재앙이었다는 사실을 밝혀내는 과정에서 성실한 논문과 언행으로 그 선도적 역할을 맡았던 학자가 '포항지열발전소 실패'를 안타까워하고 있다. 오래전부터 여러 나라가 EGS 방식이 아니더라도 청정한 지열을 에너지로 개발해 사용하고 있다는 사실을 잘 알기 때문일 것이다.

포항지열발소의 재앙은 한국사회에 지열에너지 개발을 중단하게 만드는 가장 강력한 반대세력으로 오래오래 존재하지 않을까? 심부 지열의 조건이 양호한 것으로 조사된 광주지열발전 계획과 울릉도 지열발전 계획이 이미 어디론가 사라져 버렸다. 2019년 3월 20일 포항지진에 대한 정부조사단의 발표가 나오자 그걸 받드는 것처럼 산업통상자원부 차관이 긴급 브리핑을 자청해 "2010년부터 추진해온 'MW급 지열발전 상용화 기술개발 사업'을 관련 절차를 거쳐 영구 중단하겠다"라고 밝혔다.

이진한 교수도 "포항의 실패 때문에 우리나라의 지열 에너지 개발이 멈춰져서는 안 된다"는 의견을 피력했지만, 어쩌면 그것은 그의 여망과는 반대로 거의 물 건너 간 일이라고 봐야 한다. 오랜 세월 속에서 EGS지열발전에 대한 거부 민심이 가라앉는다고 해도 어느 지역의 어떤 주민들이 "우리 동네에서는 '포항 교훈'을 거울로 삼아 '포항지열발전소처럼 그렇게'만 하지 않겠다면 허락해 주마" 하겠는가? 이러한 집단이성을 바라는 것은 요원해 보인다. 님비현상이니 뭐니 비판하면서 함부로 요구할 수도 없고 요구해서도 안 된다.

'포항지열발전소처럼 그렇게'란 어떤 것인가? 1장 「포항지진은 인재요 관재였다」, 2장 「5번이나 포항지진을 막을 수 있었다」에서 상세히 밝혔지만, '그렇게'에는 다섯 가지쯤 포함돼 있다.

원칙을 팽개쳤다.
부실하기 짝이 없었다.
나쁜 징조들을 철저히 은폐했다.
관련 업자도 관련 공무원도 관련 학자들도 지역주민을 완전히 무시했다.
돈벌이에 눈이 멀어 양심적으로 행동하지 않았다.

이렇게 다섯 가지다.

'포항지열발전소처럼 그렇게'의 다섯 가지를 새삼 도마 위에 올려놓고 보니 아주 분명해지지만, 이제 영원히 살아날 수 없는 포항EGS지열발전소는 '반칙과 부실로 시작'했기에 '비극적인 종말'을 피할 수 없었던 한국사회의 반면교사 모델로 길이 남게 되었다. 한국의 건설 역사에서 완벽주의의 롤모델로 남은 포항제철소의 대척점에 초라하기 짝이 없는 포항지열발전소가 지하 십 리도 더 뚫고 들어간 지열정과 생산정 속에 물을 가둬둔 채로 한국사회에 지워지지 않을 '악명과 오명의 금석문'처럼 새겨진 것이다.

한국정부, 땅속의 청정에너지원을 주목하다

김대중-노무현정부 시절인 2002년과 2003년에 걸쳐 지질학 두 전문가(이태종, 송윤호)가 대한민국 정부 출연기관인 한국지질자원연구원의 기본사업 '심부 지열에너지 개발 사업'의 일부로서 "심부 지열수의 이동 통로가 될 수 있는 심부 파쇄대 탐사"를 목적으로 포항시 흥해읍 일원에서 지질탐사를 실시한 것은 심부 지열을 활용해 청정 재생 전력을 생산해 보려는 한국 EGS지열발전소 개발의 첫걸음이었다고 볼 수 있다.

그 논문이 2005년 관련 학술지에 게재되고, 2007년에는 포항의 심부 지열 조건이 다른 지역보다 훨씬 더 유리하다는 논문도 등장했다. 지열에너지 개발의 선행작업이라 할 지질학적 연구조사가 제법 활발히 이뤄졌던 것이다.

2008년 이명박정부가 출범해 산업자원부를 지식경제부(이하 산업통상자원부)로 개명했다. 이명박정부는 '녹색성장'이란 슬로건을 내걸었다. 박근혜정부의 '창조경제'나 문재인정부의 '소득주도성장'에 비견될 만한 정책적 기조였다.

녹색성장에는 당연히 청정 신재생에너지 확충 방안이 포함돼야 했다. 이것은 신재생에너지기술개발로 표명됐다. 화력발전을 줄여나갈 수 있는, 태양광이나 바람처럼 대기오염도 시키지 않고 무한히 재활용할 수 있는 전력 생산 방식의 하나로서 EGS지열발전을 주목하게 되었다. 지하 4~5㎞ 깊이로 우물 두세 개를 파고 지상에서 물을 주입 해주면 펄펄 끓는 수증기가 올라와 터빈을 돌려주고 임무를 마친 수 증기는 물로 바뀌어 다시 땅속으로 내려가게 되는 순환(재생) 시스템 이라니 신통방통한 '녹색' 신재생에너지로 여겨질 수 있었다.

정책 시행을 위한 일정 수준의 준비도 돼 있었다. 미국이나 유럽의 성공사례와 실패사례를 조사해놓았고, 지질학적 연구조사와 관련 기 술을 검토해놓은 상태였다. 물론 전담부서는 사업 시행에 필요한 모 든 자료도 갖추었다. EGS지열발전에서 가장 심각한 난점은 땅속으로 십 리보다 더 깊게 협소한 구멍을 뚫고 들어가는 것이고, 가장 심각한 위험은 특히 수리자극 과정에서 유발지진이 발생하는 것이라는 정보 쯤이야 기본지식으로 챙기고 있었다.

2010년 포항EGS지열발전소 개발에 동력이 걸렸다. 총괄을 맡은 정 부 부처는 산업통상자원부, 과제는 'MW급 지열발전 상용화 기술개 발'로 명명되었다. 시행을 주관할 기관은 정부 출연 연구기관인 한국 에너지기술평가원이 맡았다. 에너지기술평가원은 지질자원연구원과 함께 2003년부터 4년간 과학기술부가 주관한 '주택·건물 등에 난방· 온수 등으로 지열에너지를 활용하는 사업'을 수행한 경험도 있어서 '지열'에는 이미 익숙한 기관이었다.

신재생에너지의 새로운 가능성과 태양광이나 풍력보다 전력 생산 이 훨씬 더 안정적이고 효율적일 수 있는 총아로서 EGS지열발전 개 발사업의 출발선상에서 산업통상자원부와 에너지기술평가원이 무엇 보다 주의를 기울여야 하는 업무는 적절한 부지 선정과 제대로 능력을 갖춘 업자 선정이었다.

부적절한 부지 선정이 이뤄지다

부지 선정의 부적절 의혹에 대해 현재 산업통상자원부는 감사원에 감사를 자청해 놓았다. 이 문제는 앞에서 비교적 자세히 밝혀둔 내용과 다소 중복이 되더라도 다시 한 번 간단히 되짚고 넘어갈 수밖에 없다.

포항EGS지열발전소보다 훨씬 앞서 성공하거나 실패했던 세계 모든 EGS지열발전소는 유발지진들을 겪어야 했다. 그래서 부지 선정에는 단층대를 회피하는 것이 제일의 필수조건이다.

포항시 북구 흥해읍 영일만대로 493, 포항지열발전소가 위치한 주소다. 이 지역 일원이 단층대라는 탐사 결과는 앞에서 인용한 논문 「심부 지열자원 개발을 위한 원거리 기준점 MT 탐사자료의 2차원적 역산 해석」에도 나와 있었지만, 설령 그것이 미심쩍었더라도 안전제일과 원칙준수의 기본자세만 갖췄더라면 위성을 활용하든 넥스지오가 보유했다고 스스로 자랑한 프로그램을 활용하든 반드시 단층대 존재 여부에 대한 탐사를 제대로 실시했을 것이다.

이미 앞에서 밝혔다시피, 실제로 2017년 11월 17일 새벽에 해외 위성이 촬영한 데이터를 통해 이틀 전 포항지진에서 단층이 찢어진 단면, 즉 '파열면'이 발견됐으며 그 길이가 6.5㎞, 그 폭이 2.5㎞나 된다는 보도가 나왔고(JTBC, 2017. 11. 28.), 국제연구팀은 위성레이더간섭법으로 지표의 변위를 측정해 단층의 위치를 계산한 결과 포항지열발전소 물 주입공의 하부에 단층이 존재하는 것으로 분석됐다(한겨레, 2018. 4. 27)고 밝혔다.

그러한 뉴스들이 큰 재앙을 당한 뒤의 포항시민에게는 소 잃고 외양간 고치자고 외치는 소리처럼 들릴 수밖에 없었다. 소를 잃기 전에 외양간을 고치거나 옮겨볼 기회가 없었던 것도 아니다. 포항지진을 예방할 다섯 번의 결정적인 기회가 있었다고 했지만, 2015년 시추공 작업 중에 진흙물이 사라졌을 때 정밀조사를 했더라면, 아니 그 실수는 백 번 양보해 '무지' 또는 '기술력 부족'이었는지 모른다며 혀를 차더라도, 2015년에 같은 편끼리 『포항 EGS 프로젝트 미소지동 관리 방안』을 만드는 자리에서 곡강단층, 흥해단층, 형산단층을 슬그머니 놓아버리지만 않았더라도 포항지열발전소의 운명은 근본적으로 달라졌을 것이다. 그 부분을 새삼 정독해 보자.

"수리자극 시 가까운 위치에 단층이 존재한다면 규모가 큰 지진이 발생할 가능성이 있"으며, "양산단층 외에 동쪽으로 곡강단층, 북쪽으로 흥해단층, 남쪽으로 형산단층이 나타나 있다"고 하면서도 "이 세 단층에 대해 언급한 학술논문이나 보고서는 거의 존재하지 않고 단층의 크기와 방향, 물리적 성질에 대한 자료도 거의 찾아볼 수 없었다"는 가짜 이유를 내세워 '잘 알고 있었을' 이태종·송윤호의 그 2005년 논문을 언급조차 하지 않고서 슬그머니 세 단층들을 어디론 가 흘려버린 채 활성단층인 "양산단층과 포항 EGS 프로젝트의 부지는 지표상에서 10㎞ 이상 떨어져 있어 양산단층이 EGS 수리자극에 의해 발생하는 미소진동에는 영향을 주지 않을 것으로 판단된다"라고 우리말 문맥에도 어긋나는 억지를 부려놓았다.

그리고 능력을 제대로 갖춘 업자를 선정했는가? 이 문제에 대해서는 앞에서 짚어보았고(이 책 53-57쪽 참조), 현재 감사원이 감사를 진행하고 있기 때문에 재삼 거론하지 않기로 한다.

지역주민과 소통 없이 굴착하고 물을 주입하다

넥스지오와 관계 기관들, 포항EGS지열발전 컨소시엄과 관계 기관들은 어떤 비장의 카드를 성공의 비결로 간직했던 것일까? 비록 부적절했더라도 일단 부지 선정을 마쳤으면 당연히 해외 사례들과 미국 에너지부의 프로토콜을 참고한 그대로 지역 주민과의 소통 단계를 밟아야 했다. 그러나 공청회를 비롯해 주민과 소통하는 어떤 회합도 마련하지 않았다. 지역 언론을 활용한 홍보도 전혀 없었다.

포항에 내려온 그들은 피할 수 없는 행정 절차 하나만 거쳤다. 포항시와 업무 협약을 체결한 것이었다. 넥스지오는 어떤 건설업자가 인허가를 받으려는 것처럼 뛰어다니지 않아도 되었다. 중앙정부(당시 지식경제부)가 '녹색성장' 정책의 하나로 딱 찍어서 내려줬으니, 포항시는 그거 좋은 사업이라며 유치하느라 뛰어다닐 필요도 없었고, 중앙정부가 특혜나 다름없는 편의를 제공해준 넥스지오에게 특별히 까다롭게 굴어댈 필요도 없었다. 도시계획 인허가 절차를 제외하고는 별다른 규제를 들이대지 않았다. 녹색에너지라니 좋고, 포항에서 일자리를 창출하게 된다니 싫어할 이유가 없었다. 그럴 만했다. 이미 살펴보았듯이 2011년 4월 26일 포항시와 ㈜넥스지오가 체결한 협약서에는 '지진'이라는 단어가 아예 한 번도 등장하지 않았다. '진동'만 한 번 등장했다. (이 책 24-25쪽 참조)

대대로 지진 안전지대에 살아온 포항 사람들에게 '진동'은 조금도 주의를 끌지 못하는 단어였다. 망치질하면 건물이 울리듯 땅을 뚫고 들어간다니 그런 현상이 일어나는가 보다, 이런 정도로 여길 단어였다.

2012년 9월 19일 포항시민에게 공개하지 않은 가운데 주입정(PX-1) 굴착 공사의 첫 굉음을 울렸다. 이 굴착 공사는 2013년 5월 23일 지하 심도 4,217m에서 일단 멈췄다.

2015년 4월 3일 생산정(PX-2) 굴착을 시작해 2015년 12월 9일 지하 심도 4,348m까지 뚫고 들어갔다. 이 굴착 작업 중에 심도 3,800m 지점에서 이수 누출 현상이 집중적으로 발견되고 그 직후에 자주 미소지진이 발생했다. '진흙물'이 되돌아오지 않는 것은 하나 이상의 지질 구조로 흘러들 때 발생한다. 지하에 단층대가 있다는 경종을 울려주는 현상이었다. 물론 포항지열발전소 관리자들은 귀를 닫아버렸다.

주입정과 생산정의 심도에 약간의 불균형이 있었다. 인공 저류층을 제대로 형성하려면 주입정을 더 깊이 파야 했다. 2016년 6월 27일부터 11월 13일까지 다시 주입정에 굴착 공사를 해서 4,362m 지점에 멈췄다.

500미터 간격의 주입정과 생산정은 똑같이 너비가 8.5인치(21.6센티미터)였다. 그러니까 길이 4.3킬로미터도 넘는, 속이 텅 빈 전봇대 두 개가 땅속에 박힌 꼴이었다.

지열정 굴착

관정ID	굴착기간	심도(measured depth)
PX-1(OLD)	2012. 09. 19.–2013. 05. 23.	4,217m
PX-1	2016. 06. 27.–2016. 11. 13.	4,362m
PX-2	2015. 04. 03.–2015. 12. 09.	4,348m

2016년 1월 29일부터 2월 20일까지 생산정을 통해 1차 수리자극을 실시했다. 미소지진이 발생했다. 피터 마이어 박사 등 스위스팀이 작업을 중단하고 정밀조사를 해야 한다고 주장했다. 이것은 묵살당했다. 그들은 떠났다. 미소한 유발지진이 계속 일어났다.

2차 수리자극은 2016년 12월 15일부터 12월 28까지 주입정에서 실시했나. 규모 2.0을 초월하는(규모 2.2와 2.3) 유발 지진들이 발생했다. 처음 만들어놓은 신호등체계를 준수하자면 산업통상자원부, 기상청, 포항시 등 관리감독 기관에 보고해야 했다. 그러나 넥스지오는 대범하게도 제멋대로 신호등체계를 뜯어고쳐 규모 2.5 이상의 유발지진부터 관리감독 기관에 보고하는 것으로 상향했다. 유발지진은 빈발했다.

2017년 3월 16일부터 4월 14일까지 생산정에서 수리자극을 실시했다. 크고 작은 유발지진이 발생했다. 4월 15일 규모 3.1 유발지진이 일어났다. 깜짝 놀랄 일이었다. 앞에서 몇 차례 지적했지만, 넥스지오는 에너지기술평가원에 사실대로 보고하고, 에너지기술평가원은 산업통상자원부 담당공무원에게 보고했다.(이 책 15쪽 참조)

당장 정밀조사에 착수해야 하는 비상상황이었다. 그러나 포항EGS 프로젝트 관리자들은 꿈쩍하지 않았다. 산업통상자원부와 에너지기술평가원은 무엇을 했는가? 포항시에 통지하게 돼 있는 신호등체계마저 무시했다. 포항시민은 규모 3.1 유발지진 소식에 깜깜했다. 2016년 9월 12일 발생한 규모 5.8 경주지진의 여진이 지나간 거라고 여겼을 따름이었다. 넥스지오나 감독관청에게는 그것이 '시끄럽게 덤벼들' 지역주민을 기망하고 유발지진들을 계속 은폐할 수 있는 호재였다.

2017년 5월 10일 문재인정부가 출범했다. 7월에야 산업통상자원부 장관이 바뀌었다. 새 정부는 탈원전, 탈석탄발전을 선언했다. 신재생에너지 개발에 그만큼 더 정책적 역량을 집중해야 했다. 포항지열발전소는 깨끗한 전력을 생산할 새로운 총아로 대접받을 수 있었다.

규모 3.1 유발지진이 발생한 생산정에는 아무런 정밀탐사가 이뤄지지 않았다. 2017년 8월 7일부터 14일까지 주입정에서 유럽팀이 4차 수리자극을 실시했다. 유발지진을 줄이기 위한 '반복주입 수리자극' 모델을 개발한다는 명목이었다. 정밀조사를 해보지 않을 바에야 그냥 내버려 뒀으면 큰 탈이 나지 않았을 텐데 실험을 하느라 단층에 새로운 스트레스를 주고 말았다. 이미 수많은 잽(미소지진)에 얻어맞은 단층의 응력은 거의 참을 수 없는 임계에 다가서고 있었다. 다가오는 재앙에는 관심 없이 실험 성적표만 챙긴 그들은 몇 달 뒤 그것을 근거로 논문을 써서 국제 학술지에 발표했다.

　그리고 더욱 대담한 일을 벌였다. 2017년 8월 30일부터 9월 28일까지 무려 한 달 동안이나 생산정에서 5차 수리자극을 실시한 것이었다. 주입 수압을 84㎫ 이상으로 끌어올렸으니, 적절한 수압의 물을 집어넣어 암반의 틈을 벌리는 '수리자극'이 아니라 아주 강력한 수압의 물을 암반의 틈에 쏘아대서 바위를 깨뜨리는 '수압파쇄'였다. 그것은 수압으로 쇠를 절단하는 '워터 제트' 수압 위력의 '4분의 1' 수준이니 만약 인간이 맞으면 몸이 잘릴 것이다.

수리자극 실시 현황

수리자극	기간	지열정
1차	2016. 01. 29. - 2016. 02. 20.	PX-2(생산정)
2차	2016. 12. 15. - 2016. 12. 28.	PX-1(주입정)
3차	2017. 03. 16. - 2017. 04. 14.	PX-2
4차	2017. 08. 07. - 2017. 08. 14.	PX-1
5차	2017. 08. 30. - 2017. 09. 28.	PX-2

규모 5.4 강진이 발발한 포항시 북구 흥해읍 남송리(신앙지, 북위 36.12도 동경 129.36도)는 산업통상자원부와 기상청뿐만 아니라 넥스지오와 에너지기술평가원, 한국지질자원연구원 등 컨소시엄들이 철저하고 완벽하게 은폐해온 '수리자극 중 발생한 63회 유발지진들'의 진앙지 위치와 똑같거나 거의 같았다. 특히 2017년 4월 15일 일어났던 규모 3.1 유발지진과도 일치했다. 이것을 도표로 정리하면 다음과 같다.

전라남도 해남·완도·진도 지역구인 윤영일 국회의원(현 민주평화당)이 공개한 자료에 의하면, 포항 지열발전소 수리자극 때문에 발생한 유발 미소지진들과 11월 15일 발생한 규모 5.4 지진은 그 진앙의 위도(북위 36.12)와 경도(동경 129.36)가 거의 정확히 일치한다는 것을 알 수 있다.

발생일	발생시각	위도	경도	규모
2017/03/09	02:24:31	35.82	129.78	2.0
2017/03/11	10:08:07	35.88	129.71	1.9
2017/04/15	11:31:13	36.11	129.36	3.1
2017/04/15	17:16:47	36.11	129.37	2.0
2017/09/11	16:19:24	36.11	129.35	1.5
2017/09/16	17:55:55	36.12	129.36	1.6
2017/09/29	21:14:37	35.86	129.68	1.8
2017/10/03	03:44:38	36.03	129.55	1.7
2017/11/15	04:55:15	36.11	129.36	1.6
2017/11/15	05:04:17	36.11	129.36	1.7
2017/11/15	14:22:32	36.11	129.36	2.2
2017/11/15	14:22:44	36.08	129.31	2.6
2017/11/15	14:29:31	36.12	129.36	5.4

위 도표는 63회 유발지진의 일부이다

…… 그리고 포항EGS지열발전소 공사 현장에는 그 종말을 공지하는 다음과 같은 간판이 걸리게 되었다. 어쩌면 다시는 한국 땅에서 EGS지열발전소가 건설될 수 없다는 격문인지도 모른다.

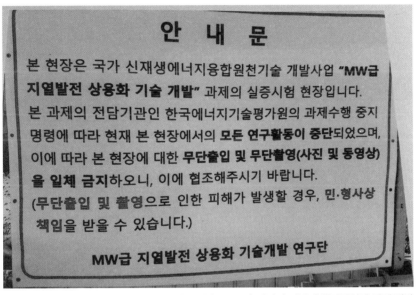

안 내 문

본 현장은 국가 신재생에너지융합원천기술 개발사업 **"MW급 지열발전 상용화 기술 개발"** 과제의 실증시험 현장입니다.
본 과제의 전담기관인 한국에너지기술평가원의 과제수행 중지 명령에 따라 현재 본 현장에서의 **모든 연구활동이 중단**되었으며, 이에 따라 본 현장에 대한 **무단출입 및 무단촬영(사진 및 동영상)을 일체 금지**하오니, 이에 협조해주시기 바랍니다.
(무단출입 및 촬영으로 인한 피해가 발생할 경우, 민·형사상 책임을 받을 수 있습니다.)

MW급 지열발전 상용화 기술개발 연구단

'실증시험현장'이라고 스스로 분명히 밝히고 있다. 또 중단 지시가 정부 출연기관이며 과제 전담기관인 에너지기술평가원의 과제 수행 중지명령에 따른 것임도 스스로 명시하고 있다. 이러고도 국가·정부의 책임이 아니라고 주장할 수 있겠는가?

포항지진의 가장 생생한 증언

포항지열발전소와 가장 가깝고 진앙지와도 가장 가까운 위치에서 규모 5.4 포항지진을 생생히 체험한 어느 농부의 증언은 귀담아 들어둘 필요가 있다.

박래근 씨, 올해(2019년) 63세. 건장한 체격이고 대범한 성격이다. 2018년 2월 6일 저녁, 영하 10도, 흥해복지문화센터, '포항지진과 지열발전' 포항시민대회. 강추위 속에 열린 대회를 찾아온 그는 체육관 텐트생활을 하고 있는 피해주민들 앞에서 증언했다.

"2015년 중반 이후 주로 밤 11시쯤부터 시작해 마치 함포 소리와 같은 '쿵쿵' 굉음이 들리기 시작했습니다. 나중에 각종 보도를 통해 알고 보니 그때는 발전소가 가동되기 전에 지하를 굴착하던 시기였습니다. 며칠 뒤 주변을 살펴보니 발전소의 직원들이 속칭 '스스키 작업복'(상하 일체형 작업복)을 입은 채 중간간부로 보이는 한 여성의 지시 아래 항상 야간에 산길을 다니며 작업하는 모습을 볼 수 있었습니다.

발전소의 용수는 한국농어촌공사가 관리하는 인근의 '관담 소류지'에서 대형 파이프로 공급되고 있었습니다. 가뭄에도 고갈된 적이 없는 못이니 그 많은 물을 땅속에 주입하려면 꼭 필요했다고 생각됩니다.

2016년 1월부터는 상황이 훨씬 더 심각하게 달라졌습니다. 밤에 방안 침대에 누우면 방구들 아래 땅속에서 흡사 군대 행군 때 수통에 물을 조금 덜 채우면 출렁대는 것처럼 '꾸룩꾸룩' 하는 소리가 나기 시작했습니다. 그리고 어떤 때는 집 마당에 1톤 바위가 떨어지는 것처럼 굉음소리가 '꽝' 하고 났습니다. 때로는 비포장도로를 중량의 구형

탱크가 지나가는 듯한 잡음이 나거나 맷돌로 가는 소리, '쩡' 하는 날카롭고 무거운 소리를 비롯해 다양한 굉음 때문에 밤마다 제대로 잠을 이룰 수가 없었습니다.

결국 그해 12월 12일에는 밤 11시 35분부터 지하에서 '윙윙' 하는 기계음 소리에 도저히 참을 수가 없어서 지프차를 몰아 새벽 4시 30분경 지열발전소로 갔습니다. 당시 현장에 아무도 없길래 가건물 숙소에 있던 조선족으로 추정되는 사람의 안내로 직원을 만나 항의를 하고 그냥 돌아왔습니다. 그날 오전, 공사 시작 후 처음이자 마지막으로 넥스지오의 김 과장이라는 사람이 음료수를 한 상자 사들고 와서 사과를 하고 돌아갔습니다.

하지만 2017년 한해 내내 땅속에서 크고 작은 물소리, 지상 2층 높이에서 1톤 무게의 바위를 마당에 던진 것 같은 '꽝' 하는 굉음이 이어졌습니다. 오랫동안 시달리다보니 정말 견디기 어려울 때가 많았지만 '국가기간산업을 건설하는데 국민으로서 참아야 옳다' 생각하고는 그냥 넘어갔습니다.

그런데 11월 15일 진앙지 위에서 끔찍한 강진을 겪고 보니 장장 3년 동안 내가 지열발전소 옆에 살며 겪은 소음과 진동이 큰 재앙을 앞둔 경고였다는 사실을 뒤늦게 깨닫게 됐습니다. 5.4 강진이 나던 당시 과수원에서 대봉 감을 크기별로 구분하는 작업을 하고 있었습니다.

갑자기 '우르르' 하는 소리와 엄청난 진동에 이어 사방이 아래위로 흔들려 몸을 가눌 수도 없는 두려움 속에 본능적으로 가까이 있는 감나무 가지를 붙잡고 버텼습니다. 그 순간, 과수원에 놓아둔 30

말 들어가는 거대한 플라스틱 물통들이 마치 영화의 강시처럼 상하로 급하게 쿵쿵 뛰는 장면을 목격했습니다. 그 무거운 물통들이 좌우로 흔들리거나 옆으로 쓰러지는 것이 아니라 강시처럼 위아래로 쿵쿵 뛰었는데, 그게 지금도 눈앞에 선합니다."

4장 왜 포항지진은 대한민국 정부의 책임인가?

포항의 피해 규모와 '공무를 위탁받은 사인(私人)'

포항지열발전소 건설 관계자들과 관계 기관들이 철저히 은폐해온 유발지진들이 한 덩어리의 핵폭탄으로 뭉쳐 지하에서 터져버린 사태가 규모 5.4 포항지진 발발이었다고 비유적으로 말했지만, 이 지진은 1905년 한반도에서 지진 계측을 시작한 이래로 가장 큰 피해를 초래한 지진으로 기록되었다.

인명피해로는 지진 발생 때 떨어진 벽돌에 머리를 맞은 여성(61세) 1명이 포항성모병원에서 치료를 받던 중 사망하고 150여명이 골절 등 중상을 비롯해 크고 작은 상해를 당했다.

정부 추산의 물질적 피해로는 이미 지원한 3,591억원과 2023년까지 지원하기로 계획된 2,257억원을 합한 5,848억원에다 2019년 정부 추경 예산안 1,131억원까지 합산하면 총 6,979억원 규모이다. 그러나 이것은 피해의 실상과 비교할 때 너무나 큰 차이가 있다. 가옥의 완파·반파·소파 외에도 트라우마를 겪고 있는 주민들의 정신적 피해, 포항시 브랜드 가치 하락, 기업투자 위축, 인구 이탈과 감소, 인구 유입 차단, 관광객 감소, 부동산 가격의 하락과 거래 두절 등 피해규모는 천문학적으로 불어날 것으로 예상된다. 반드시 공인 기관의 정밀한 재조사와 평가가 이뤄져야 한다.

각종 피해들 가운데 그 규모를 수치로 환산하기란 거의 불가능한 것이 정신적 피해인데 어느 정도 그것을 가늠해 보게 해주는 자료가 있다. 포항공과대학교 융합문명연구원에서 지진이 일어나고 11개월쯤 지난 2018년 10월 포항에 살고 있는 성인 500명(남성 251명, 여성 249명)을 대상으로 포항지진을 겪은 뒤의 심리적 상태를 조사했는데, 그 개략적 내용은 다음 표와 같다.

질문내용	"예"라고 대답한 응답자 비율
지진으로 인한 정신적 피해가 있었다	80%
트라우마 고위험군 해당(PTSD 가능성 있음) 여성이 남성에 비해, 북구 주민이 남구 주민에 비해 PTSD 진단점수가 높음	41.8%
또 다른 지진에 대한 공포를 느낀다	85. 8%
지진에 대한 걱정 때문에 포항을 떠나 다른 지역으로 이사할 생각을 해본 적이 있다	33.8%
100만원 이상의 재산 피해가 있다	21.6%
지진의 주 원인이 지열발전소이다	72.2%

이러한 포항시민과 포항지역의 피해에 대하여 왜 대한민국 정부가 책임을 지고 배상해야 마땅한가?

포항지열발전소는 국책사업의 하나로서 신재생에너지 융합원천기술개발 과제의 '실증시험' 현장이었다. 입지 선정과 업체 선정을 산업통상자원부에서 독점적인 정보에 의거해 일방적으로 결정하였다. 건설과 운영은 관이 주도했든 민이 주도했든 또는 민관이 함께 주도했든 단순한 '사(私)경제적 주체로서의 행위가 아니라 우월한 공권력을 행사하는 국가작용의 일부'라고 해야 한다. 국가로부터 그 업무를 위탁받아 수행하는 ㈜넥스지오나 이를 지휘·감독하는 지위에 있는 한국에너지기술평가원은 모두 '공무를 위탁받은 사인(私人)'이다. 그래서 그들이 그 직무를 수행하면서 고의 또는 과실로 다른 사람에게 손해를 입혔을 때에는 국가배상법 제2조 제1항에 따라 국가가 그 손해를 배상해야 한다.

대한민국 정부는 왜 피고석에 앉아야 하는가?

만약 규모 5.4 포항지진 때문에 큰 피해를 당한 지역 주민들이 정부를 상대로 민사소송을 제기한다면, 여태껏 여러 차례 확인할 수 있었던 것처럼 대한민국 정부는 피고석에 앉을 수밖에 없다. 그때 원고측 (피해주민) 변호인은 어떤 논리를 펼칠 수 있을까? 그런 경우를 가정해 여기서는 결론에 해당될 부분만 딱딱한 법리적 문장으로 전개해 본다.

산업통상자원부는 포항지열발전 사업의 시행주관 정부 부처로서, 이 건 사업을 시행한 경험이 없고 이 건 사업이 정부가 추진한 '신재생에너지핵심기술개발사업[지열분야]'의 실증사업이므로, 이 건 사업에는 어떠한 위험이 존재하고 있는지를 파악하고 이 건 사업으로 인하여 발생할 손해를 미연에 방지할 수 있는 조치를 마련하여야 할 책임이 있고, 앞서 본 바와 같이 이 건 지열발전 사업 이전에 이미 스위스 바젤 프로젝트, 미국 가이저스 프로젝트의 유발지진에 의한 피해사례가 발생하였으므로, 특히 유발지진 발생과 관련된 예비 및 사후 대응대책은 산업통상자원부가 마땅히 사전에 챙겨보고, 이에 따라 대응대책이 시행되도록 담당공무원이 직접 또는 한국에너지기술평가원을 통해 한국에너지기술평가원과 주식회사 넥스지오를 감독할 책임이 있다.

그럼에도 불구하고, 산업통상자원부 소속 이 건 지열발전 사업 담당공무원이나 한국에너지기술평가원과 주식회사 넥스지오는 이 건 지열발전 사업을 시행하면서도,
① 지열발전 사업의 위험성, 특히 유발지진의 가능성에 대한 사전조사나 연구가 미흡하였다.

이로 인하여 포항지열발전소 주변에 곡강단층, F1-F3 등의 단층이 존재한다는 논문의 존재를 인식하면서도 전혀 주변의 지층에 대한 추가조사를 하지 아니한 채 포항지열발전소의 사업 부지를 선정한 잘못이 있다. 즉, 공무인 이 사업을 위탁받은 한국에너지기술평가원과 주식회사 넥스지오는 지층에 대한 직접적인 조사 없이 심부 지열 탐사 결과에만 의존하여 포항지열발전소의 사업 부지를 선택한 것이다.

② 유발지진, 특히 지열발전 시험가동 초기에 나타나는 미소지진과 관련된 안전관리시스템을 마련하지도 아니한 채 사업을 시작하였다.

오히려 사업추진 중 2015년에 이르러서야 앞서 본 바와 같은 『포항 EGS 프로젝트 미소진동 관리 방안』을 마련했기 때문에 그 이전에 시행해야 하는 모든 과정을 생략했고, 이로 인하여 포항시민은 포항지열발전의 시행 여부, 포항지열발전의 위험성, 포항지열발전에 대한 의견 제시, 포항지열발전으로 인한 위험 발생 시 대처 방안 등에 무지하였으며, 이것이 피해를 초래하거나 가중시켰다.

만약 포항시민들에게 포항지열발전 시행 사실을 알렸더라면, 포항시민들은 공론화 과정에서 주변에 단층이 존재한다는 사실을 알게 되어 문제의 위치를 지열발전소 사업 부지로 선정하는 것을 반대하였을 것이고, 그래서 그 위치에는 포항지열발전소가 들어설 수 없었을 것이고, 이 건 피해도 발생하지 않았을 것이다.

또한, 마땅히 소관청인 산업통상자원부가 마련하거나 마련하도록 지시해야 할 위 방안에 대하여, 소관청은 "넥스지오가 자체적으로 만든 매뉴얼인데 넥스지오는 해외사례를 참고해 만든 글로벌 스탠더드라고 했다"라는 무책임한 말을 하고 있으니, 유발지진으로 인한 피해에 대하여는 전혀 고려하지 않았다는 사실을 실토하고 있다고 하겠다. 더구나 미소지진 관리 방안의 신호등체계를 변경할 때, 그 변경 이유를 살펴보아야 하고, 그 무렵 이미 여러 차례 규모 1.0 이상의 유발지진이 발생한 사실을 알았고, 규모 2.0 이상의 지진이 발행하기까지 하였다면, 즉시 수리자극을 중단하고 정밀조사를 실시하게 했어야 했다.

③ 산업통상자원부 담당공무원이나 그 공무를 위탁받은 한국에너지기술평가원과 주식회사 넥스지오는 위 미소지진 관리방안을 제대로 시행하지 않거나 주식회사 넥스지오의 시행을 제대로 감독하지 아니한 잘못이 있다.

이미 시추 단계에서 이수 누출 현상이 있었고, 시험가동 초기부터 미소지진이 발생하였을 뿐만 아니라, 규모 2.0 이상의 지진 또는 규모 3.1의 지진이 발생한 상태였으므로, 국책사업 소관청이나 그 공무를 위탁받은 한국에너지기술평가원과 주식회사 넥스지오는 시험가동을 중지하고 반드시 객관적인 발생원인 조사를 거치고, 추가 유발지진 발생 시 조치하여야 할 사항을 점검하여야 함에도 이에 대하여 산업통상자원부 담당공무원이나 그 공무를 위탁받은 한국에너지기술평가원이 제대로 대처하지 않았다. 지금까지 밝혀진 바에 의하면, 아무런 조치를 취하지 아니한 것으로 보인다.

더욱이 몇 번의 미소지진 발생 후 스위스 지열발전 사업팀이 철수하였고, 철수하기 전에 유발지진의 위험성을 경고하였다고 하는 바, 그렇다면 산업통상자원부 담당공무원이나 그 공무를 위탁받은 한국에너지기술평가원은 이유를 챙겨보고 그에 따른 대책을 마련하여야 함에도 불구하고 그 임무를 소홀히 한 중대 과실이 있다.

④ 나아가, 2017월 4월 15일 규모 3.1의 지진이 발생하였음에도 불구하고 그 원인에 대한 연구 및 대책 방안도 제대로 수립하지 아니하였으며, 그 정도 큰 규모의 지진이 발생하였다면 수리자극을 중지하여야 하고, 특별한 사정이 있어 수리자극을 실시하더라도 지진 발생의 원인이 되는 물 주입에 대하여는 낮은 압력에서 서서히 압력을 높여가면서 물 주입을 하고 각 주요 압력단계에서 물 주입의 결과를 살펴보면서 물 주입을 하는 등 물 주입을 비롯한 시험가동을 세밀히 감독하여야 함에도 불구하고 이를 게을리한 나머지 앞서 본 바와 같이 높은 압력으로 물 주입을 하도록 방치한 과실이 있다.

지금까지 살펴본 자료에 의하면, 2017월 4월 15일 규모 3.1 지진이 발생한 뒤, 이를 보고받은 산업통상자원부 담당공무원이나 그 공무를 위탁받은 한국에너지기술평가원이 이에 대한 원인을 분석하고 대책을 마련하거나 주식회사 넥스지오에 대책 방안을 시행하도록 감독한 사실도, 또는 추가 시험가동 시 주식회사 넥스지오의 물 주입에 대하여 매뉴얼을 하달하거나 물 주입을 감독한 사실도 발견할 수 없었다.

이러한 각 사실을 모아서 살펴보면, 대한민국의 공무원 또는 공무

수탁 사인(私人)이 직무를 집행하면서 미필적 고의 또는 중과실로 법령을 위반하여(국민의 생명, 신체, 재산 등에 대하여 절박하고 중대한 위험상태가 발생하였거나 발생할 우려가 있어서 국가가 그 위험 배제에 나서지 아니하면 국민의 생명, 신체, 재산 등을 보호할 수 없는 경우에는 형식적 의미의 법령에 근거가 없더라도 국가는 그러한 위험을 배제할 작위의무를 진다.) 원고들에게 손해를 입힌 것이 명백하다고 할 것이므로, 이 건 포항지진으로 인하여 피해를 입은 주민들의 손해에 대해 배상할 법적인 책임이 있다. 물론 도의적 책임에 따른 보상은 언급할 필요조차 없다.

또한, 대한민국 정부는 한국에너지기술평가원 또는 (주)넥스지오와의 관계에 있어서는 사용자의 지위에 있으므로, 그 피용자들이 국가의 사무집행에 관하여 고의 또는 과실로 원고들에게 입힌 손해를 배상할 책임도 있다.

사후 조치도 미흡, 형사법적 검토

규모 5.4 포항지진은 규모 4.6 여진까지 유발하여 포항지역의 수많은 주민들이 앞에서 설명한 생명·신체·재산상 손해는 물론이고 피해액을 추산할 수도 없는 정신적 고통을 받아오고 있다. 그럼에도 불구하고 산업통상자원부를 위시한 정부에서는, 이미 국내외 학자들에 의하여 지열발전소의 수리자극이 지진발생의 원인이 될 수 있음이 밝혀진 상황에서, 다시 이강근 교수를 단장으로 한 지진조사연구단(해외자문단 포함)을 구성하여 1년여 동안(2018년 3월부터 2019년 3월까지) 지진발생의 원인을 조사하게 했다. 그 결론은 세계적 석학인 해외자문단 5인도 만장일치로 내놓았듯이 '포항지진은 포항지열발전소의 인위적 행위가 원인'이라는 것이었다. 이러한 절차는 과학적 공인 근거를 확보한다는 명분을 내세웠지만, 2019년 여름 현재도 텐트 생활을 하고 있는 피해주민들을 비롯해 지진피해 배상과 지역 회생을 기다리는 수많은 포항시민의 입장에서는 다시 1년이란 세월을 아깝게 허송한 격이었다.

지진 발생 후 그러한 상태가 1년 4개월쯤 계속되는 동안 피해자들은 지진의 진정한 원인도 확신할 수 없었을 뿐 아니라, 이를 빌미로 삼아 지진의 원인 제공 책임을 인정하거나 피해자들에게 사과하는 개인이나 기관도 나타나지 않았으며, 피해의 배상절차도 지지부진한 가운데 피해자들의 고통만 더욱 가중시켰다.

산업통상자원부를 비롯한 정부 관계자들 외에도 지열발전소 프로젝트에 참여하였던 교수들, ㈜넥스지오 관계자들, 포항지열발전소의 입지와 운영에 관한 지식을 제공한 한국지질자원연구원 관계자들, 경주에서 규모 5.8의 지진이 발생한 후 수많은 여진이 발생하는 가운데 포항지역에서 지열발전소의 수리자극에 따른 유발지진이 계속 발생하였음에도 마치 경주지진의 여진들을 '포항지열발전소 유발지진들

은폐 도구'로 활용한 것처럼 경고조차 해주지 않은 기상청 관계자들, 한국에너지기술평가원과 한국건설기술연구원의 관계자들은 모두 그러한 책임에서 자유로울 수 없다.

정보공개법 제3장 제9조 7의 가에 따르면, 사람의 생명·신체 또는 건강을 보호하기 위하여 공개할 필요가 있는 정보는 공개해야 하도록 규정되어 있다. 정부는 조사기간에 정보를 공개하는 것이 시민들에게 혼란을 줄 수 있다는 것을 빙자하여 아직도 정보공개를 차단하고 있다. 정부와 ㈜넥스지오가 포항지열발전소 건설과 운영에 따른 정보를 제공하지 않으니 사후 관리에 있어서도 체계적인 접근이 어려워질 수밖에 없다.

2019년 8월이면 수많은 포항시민들에게 엄청난 고통과 피해를 안긴 포항지진이 발생한 지도 1년 9개월째 접어든다. 그러나 아직 누구도 책임을 인정하며 피해자들에게 진정으로 사과하지 않고 있다. 이렇게 기가 막힌 상황에서 포항시민으로서는 형사책임 추궁의 가능성을 검토하지 않을 수 없다. 그 책임의 소재와 정도를 가리는 차원으로서든 영문도 모르는 상태에서 엄청난 피해를 당한 피해자들의 울분을 해소하는 방안의 하나로서든 형사법적 접근이 불가피한 것으로 보인다.

형사 처벌의 대상이 될 수 있는 사람은 우선 수리자극이 지진을 유발할 가능성 및 그 지진의 규모를 예견하였거나 예견할 수 있었음에도 주의를 게을리하여 이 업무를 간과한 나머지 포항지진의 피해를 야기한 자들로서, 이들에게는 업무상 과실치사상의 죄책을 물을 수 있을 것이다.

또한 결과를 예견하거나 예견할 수는 없었을지라도 63회 지진 유발의 가능성에 관한 정보를 담당한 공무원이 다른 목적 때문에 이를 은폐하였다면 그 공무원에 대해 직무유기의 죄책을 따져보게 될 것이다. 특히 포항지진을 예방할 수 있었던 5번의 기회들을 묵살한 사람들이 중점적으로 조사를 받아야 할 것이다. 또한 수리자극이 유발한 63회 미소지진 은폐와 지열발전 건설 때 반드시 발생하는 지진피해를 담보할 보험에 가입하지 않은 것도 중대한 문제로 다뤄질 것이다.

그 밖에도 학자의 양심에 따라 온갖 방해와 어려움을 무릅쓰고 《사이언스》에 포항지진이 촉발지진이라는 논문을 게재한 김광희·이진한 두 교수에 대해 자기들의 이해관계와 배치된다는 이유로 윤리위원회에 회부되게 하고 '주의' 처분까지 받도록 모함한 사람들도 반드시 처벌을 받아야 할 것이다. 물론 두 교수의 주장이 진실로 밝혀진 이상 그들의 명예를 회복할 조치도 강구되어야 한다.

철저한 사고현장 관리, 시급한 특별법 제정

포항에는 지진피해 보상 문제와는 별개로 정부가 서둘러서 시행해야 할 과제들이 기다리고 있다. 그 과제들을 해결하기 위한 행동은 미래의 또 다른 재앙을 예방하기 위한 당위적 조치이다.

2017년 11월 10일 포항지열발전소 주위에 김광희·이진한 교수팀이 이동식 지진계측기 8대를 설치하였고, 5일 후에 규모 5.4 포항지진이 발생하였다. 그 계측기들은 포항촉발지진의 진실에 다가가는 횃불과 같은 역할을 해주었다.

지금 포항지열발전소는 폐허와 다름없다. 그러나 끝난 것이 아니다. 주입정과 생산정, 두 지열정 속에 투입된 물이 들어 있다. 그 물을 철저히 관리해야 한다. 그러기 위해서는 주변 지역에 설치한 지진계측기를 대폭 늘려서 투입된 물의 변화와 그 영향을 항상 긴장한 눈으로 주의 깊게 조사하고 관리해야 한다.

포항지진 이후 포항지역의 지하 심부 구조가 변했다는 사실도 중요한 관리 대상이다. 그 변화가 어떤 형태로 나타나고 있는지 심부 구조 간의 형태를 감시하고 모니터링할 전문기관을 포항에 설립해야 한다. 이것이 도시지진 안전장치 강화를 위한 '심부환경변화 감시센터'이다.

또한 포항지역 및 주변 지역 단층변화 조사와 모니터링을 위한 단기적, 장기적 계획을 수립해야 한다. 단층의 파괴로 포항지진이 발생했기 때문에 주변 지역 단층(양산단층, 형산단층, 흥해단층, 곡강단층, 미지의 단층)의 구조를 장기적으로 조사하고, 조사에서 나타난 데이터를 바탕으로 지진위험을 사전에 탐지하고 예방할 수 있는 체계구축과 전문가들의 연구가 진행되어야 한다.

이와 더불어 포항지역의 산과 건물 등에 대한 안전도 조사를 실시해야 한다. 포항지진 이후 주요 건물과 산업체의 흔들림에 따른 안전도를 재조사하고, 특히 도로 주변의 산과 언덕에 대한 지형변화(deformation)를 조사해 산사태 발생과 농지 액상화 현상 예방 조치를 취해야 한다.

포항지진은 '순간'이라 불러야 할 아주 짧은 동안에 온갖 종류의 다양한 피해를 심대하게 입혔지만, 앞에서 지적한 바와 같이 사후 조치가 미흡하여 원인과 책임자 규명은 물론 정확한 피해 조사도 없이 1년 9개월째 접어들었다.

크게 늦어졌으나 이제라도 지진 피해를 구제하기 위해서는 피해 조사와 구제를 전담할 기구의 구성, 구제 재원의 확보, 피해 조사의 절차, 피해 구제의 기준, 구제 결정에 대한 불복절차 등을 규정한 '포항지진 특별법 제정'이 반드시 필요하며, 시급한 일이다.

임성남 '포항11·15지진범대위' 실무지원단장의 2019년 7월 28일 경북신문 칼럼 「포항지진 특별법, 이제는 '속도'와 '내용'이다」는 포항시민의 목소리를 대변하고 있다.

포항지진 특별법은 여·야 3당 모두가 발의했다. 늦은 감이 없지 않지만 포항시민들은 환영과 감사의 뜻을 표명했다. 이제는 '속도'와 '내용'이 관건이다. 속도는 하루빨리 여·야가 본격적인 심의를 시작해 올해 내 본회의를 통과해야 한다는 의미다. 현 국회 여·야 대치 정국으로 볼 때 결코 쉬운 일이 아니다.

한국당·바른미래당 두 야당 요구로 29일부터 임시회가 소집되지만 정상화는 어려울 것 같다. 정상화 되더라도 여·야의 핵심 법안 때문에 포항지진 특별법은 뒷전이 될 가능성이 매우 높다. 이같은 상황에서 민주당이 '포항지진 특별법을 특별위원회에서 논의하자'는 기존 카드를 또다시 꺼냈다. … 한국당이 평소 '민주당이 특별 법안을 발의한다면 입법권 있는 특위 논의도 수용할 수 있다'는 입장이었던 만큼 수용 여부를 결정해야 한다는 의미다. 그동안 민주당은 입법권 있는 특위에서, 한국당은 상임위에서 각각 논의하자는 입장을 견지했다. … 이제 공은 한국당으로 넘어 갔다. 한국당도 빠르고 충실한 내용의 특별법만 제정될 수 있다면 정치적 이해관계에 지나치게 매달려서는 안된다. 민주당 역시 '포항시민을 위한 가장 실효성 있는 것이 특위 구성'이라면 이를 담보할 수 있는 카드(약속)를 내놓고 한국당을 설득해야 한다.

만약 지진특별법이 7~8월 임시회에서 심의되지 못하고 9월 정기국회에 넘어간다면 연내 본회의 통과는 장담할 수 없다. 왜냐하면 9월 정기국회는 국정감사에다 내년 4월 총선 분위기를 탈 수밖에 없어 국회의원들이 지역구 챙기기에 정신이 없다. 총선을 앞둔 9월 정기국회 본회의 통과가 최선책인 이유가 이 때문이다.

다음은 특별법에 담길 '내용' 역시 속도 못지않게 중요하다. 특히 피해 구제(배·보상) 부분은 사안마다 여당은 적은 예산을, 야당은 많은 예산을 요구할 것이다. 포항시가 공청회 등을 통해 시민들의 의견을 수렴했다고 하지만 부족한 것이 무엇인지 다시 한 번 꼼꼼히 챙겨야 한다. 3당 제출 법안을 철저히 검토해 심의 중간에도 시민들의 목소리를 전달해야 한다.

피해자인 포항시민들이 기대했던 특별법 배·보상에 실망하지 않도록 정치권은 물론 포항시도 끝까지 긴장해야 한다. 여·야 역시 더 이상 '특위' '상임위'로 날선 대치만 계속해서는 안된다. 정치를 '타협의 타이밍'이라 하지 않는가.

2008년 3월 14일 국회에서 제정, 공포된 '허베이 스피릿호 원유 유출사고 피해 주민의 지원 등에 대한 특별법'은 포항지진 피해 주민을 위한 특별법의 모델이 될 수 있을 것이다.

5장 사진으로 보는 포항촉발지진

애물단지로 전락해 인적 끊긴 포항EGS지열발전소
2019. 7. 28.

포항지진이 남긴 상처들

E
수직에서 3도 기울고
0.7m 이격

포항지진의 이재민들

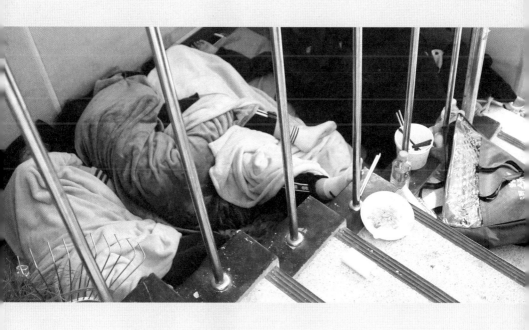

청와대 국민청원을 독려하는 포항시민들

포항11·15지진범시민대책위원회 출범과 시민행동

범대위 출범 2019. 3. 23.

포항시민의 포항시가지 범시민결의대회 2019. 4. 2.

세종시 산업통상자원부 항의방문과 집회 2019. 4. 25.

포항지진 특별법 제정 촉구 국회 방문과 집회 2019. 6. 3.

6장 자료로 보는 포항촉발지진

포항지열발전소의 유발지진 진상규명을 촉구하는 포항시민의 요구

문재인 대통령께 드리는 지진피해 포항시민의 공개서한과 청원

유발지진사태, 포항은 무엇을 할 것인가?

11·15지진 지열발전 공동연구단 포항시민 국회 기자회견문

"포항지진 지열발전 탓"··· 국가배상 사태 오나

"포항지진은 지열발전 시추·물 주입에 의한 유발지진"

포항지진, 진실규명과 치유가 우선이다

인재로 드러난 포항지진, 지하 난개발에 대한 경고다

포항지진은 인재였다

산업통상자원부는 포항시민과 국민 앞에 머리숙여 사과해야 한다

포항 11·15지진 신속한 피해회복을 위한 호소문

포항지열발전소의 유발지진 진상규명을 촉구하는 포항시민의 요구

포항지열발전소가 2016년 1월부터 2017년 9월까지 시험한 지하 시추공 물 주입과 배출의 과정에서 무려 63회의 유발지진이 발생했다는 이 엄청난 사실들은 5.4강진이 터진 2017년 11월 15일 그날까지 포항시민 어느 누구도 모르게 철저히 은폐돼 왔다. 그중에는 규모 3.1의 지진도 있었고 규모 2를 넘은 것만 해도 10회였다. 1.0 이하의 진동은 통계에 포함되지 않았음을 고려하면 얼마나 많은 미소지진이 발생했는지를 상상하기란 어렵지 않다. 더구나 그때는 세상이 혼란스러운 시기도 아니었다. 대통령 탄핵 1차 촛불집회가 열린 때가 2016년 10월 29일이었던 것이다.

산업통상자원부와 포항지열발전 건설업체 넥스지오는 처음에 유발지진이 몇 차례 발생한 시점에서 당연히 그것을 포항시민과 포항시에 투명하게 공개하고 해외 사례들과 비교해가며 서로 머리를 맞대고 올바른 대책을 세우는 일에 돌입했어야 했다. 그러나 그들은 63회의 유발지진 발생 사실을 철저히 숨기는 가운데 시험가동을 계속했고 유발지진은 계속 발생했다. 이 어찌 대형 인재(人災)를 불러들이기로 작정한 '대범한 사람들'의 참으로 '대담한 행동'이었다고 하지 않을 수 있겠는가?

대한민국 헌법 제7조 1항은 '공무원은 국민 전체에 대한 봉사자이며, 국민에 대하여 책임을 진다'고 천명하고 있다. 이는 태풍이나 미세먼지 같은 사회적 위험에 대해 관계부처가 예방 공지에 적극 나서야 하는 근거이기도 한데, 지열발전소 건설로 인한 유발지진 발생에 대한 위험공지와 대책협의도 관계부처의 당연한 책무이다. 그러나 우리의 산업통상자원부는 오히려 포항지열발전소의 63회 유발지진 사실을 철저히 숨겨왔고, 포항시는 이제 와서 법적 조치를 거론하고 있다.

산업통상자원부의 은폐책임에 대한 경중을 따지자면 지난 정부의 산자부 장관에게 훨씬 더 무거운 책임이 돌아가야 옳지만 2017년 7월 21일 임명된 현 정부의 산자부 장관에게는 전혀 책임이 없다고 할 수 있겠는가? 이에 오늘 우리는 포항지진 피해자를 비롯한 모든 포항시민의 이름으로 다음과 같이 요구한다.

- 우리의 요구 -

1. 문재인 대통령은 포항지열발전소의 63회 유발지진 은폐에 대한 책임자와 관련자를 엄중 문책하라.
2. 백운규 산업통상자원부 장관은 포항지열발전소의 유발지진들에 대한 모든 자료를 숨김도 남김도 없이 즉각 포항시민에게 공개하라.
3. 국회는 포항지열발전소의 유발지진 은폐와 그 국민기망에 대한 국정조사를 실시하라.
4. 정부는 포항지열발전소의 유발지진들과 5.4 포항강진의 상관성에 대한 조사단을 하루빨리 출범시키고, 이 조사단에 포항시민 대표를 반드시 포함시키라.

5. 포항시는 포항지열발전소의 시추공을 원상복구하는 행정조치를 즉각 실행하라.
6. 포항시민은 포항지열발전소의 63회 유발지진 발생을 철저히 숨겨온 모든 관련자들을 규탄하며 그들의 지체 없는 공개사죄를 강력히 촉구한다.

2018년 2월 6일
‘포항지진과 지열발전’ 포항시민대회

문재인 대통령께 드리는 지진피해 포항시민의 공개서한과 청원

존경하는 문재인 대통령님께.

안녕하십니까?

영하 10도의 강추위 저녁에 '지진피해 포항시민' 300여 명이 포항 강진의 현장인 '흥해'복지문화센터에 모였습니다. 먼저, 포항 수험생과 학부모를 위해 수능시험을 연기해주셨던 결단에 대하여 깊은 감사를 드리며, 평창겨울올림픽이 인류의 평화 스포츠 제전으로 빛나게 되기를 응원합니다.

오늘의 집회를 준비하는 과정에서 저희는 두 가지 의견을 모았습니다. 하나는 이번 기회에 지진피해의 충격과 고통에 시달리는 포항의 수험생과 학부모를 위해 전격적으로 수능시험을 연기해주셨던 대통령님께 심심한 감사의 말씀을 올려야 한다는 것이었고, 또 하나는 "우리의 집회가 전국적인 시각으로 보면 작지만 평창올림픽 기간에는 열지 않아야 국민의 기본예의에 맞다"는 것이었습니다. 이런 마음을 바탕으로 이 편지를 씁니다.

현재 '문재인 정부'가 꾸리고 있는 "포항지열발전소와 포항 강진의 연관성"에 대한 조사단이 2월말에는 활동을 시작할 것이라고 들었습니다. 그 조사단은 학문적 양심을 지키는 전문가들이 중심을 이룰 것이며 피해주민과의 원만한 소통 방안도 마련할 것으로 기대합니다.

그런데 저희는 '문재인 정부'가 포항 강진 직후에 긴급히 취해야 했던 하나의 '중대사'를 여전히 외면하고 있음을 대통령님께 직접 말씀 드리지 않을 수 없습니다. 이는 2017년 11월 15일 규모 5.4 강진 이전에 발생했던 '포항지열발전소의 63회 유발지진'을 관계당국이 무려 2년 가까이 은폐해왔던 사실에 대해 정부가 오늘 이 시간까지도 아무런 조치를 취하지 않고 있다는 것입니다.

포항지열발전소가 2016년 1월부터 2017년 9월까지 시험한 지하 시추공 물 주입과 배출의 과정에서 무려 63회의 유발지진이 발생했다는 그 엄청난 사실들은 규모 5.4 강진이 터져 건국 이래 최대 지진피해를 일으킨 2017년 11월 15일 그날까지 포항시민 어느 누구도 모르게 철저히 은폐돼 왔습니다. 그중에는 규모 3.1도 있었고 규모 2.0 이상만 해도 10회였습니다. 규모 1.0 이하의 진동은 통계에 포함되지 않았음을 감안하면 포항지열발전소 근처(포항시 흥해읍)에서 얼마나 많은 미소 진동이 발생했던가를 상상하기란 어렵지 않습니다. 여러 차례 유발지진이 이어진 그때는 나라가 격동의 시기도 아니었습니다. 박근혜 대통령 탄핵 1차 촛불집회는 2016년 10월 29일에 열렸던 것입니다.

그리고 63회 유발지진들에 대한 흥해 주민들의 침묵을 탓할 수도 없는 문제입니다. 미소진동들을 지진으로 체감하기도 어려웠거니와 2016년 9월 12일 경주 강진이 발생한 뒤부터는 지진의 느낌을 받아도 '경주 여진'이라 여겼기 때문입니다. 이는 오늘 저녁 저희 집회의 유발지진 체험 사례 발표를 통해서도 확인할 수 있었습니다. 특히 포항 지열발전소와 600미터 떨어진 곳에서 과수농사를 지으며 기거하는 박래근 씨(61세)의 체험기는 생생하고 놀라운 이야기였습니다. 지열발전 착공 때부터 강진 발생 그날까지 3년에 걸쳐 각종 굉음과 물소리와 진동에 시달리면서도 "국가기간산업의 하나라기에 참아냈는데 강진이 터진 뒤에야 그것들이 경고였다는 것을 깨닫게 되었다"며 "강진 발생 앞에는 13일과 14일 심야에 마치 지붕에서 마당으로 거대한 바위가 떨어지는 것 같은 굉음들이 들려오더니, 수확한 대봉 감을 크기별로 구분하고 있다가 강진을 만났을 때는 너무 두려워서 감나무 가지를 붙잡은 채로 30말 들어가는 큰 물통들이 강시처럼 위아래로 급하게 쿵쿵 뛰는 것을 목격했다"고 털어놓았습니다. 이분의 체험기는 유발지진들, 강진 전조, '포항 강진이 직하형 지진이어서 훨씬 더 피해가 심해졌다'는 진단 등에 대한 현장 증언이 아닐 수 없습니다.

포항 강진이 터지고 나서도 포항지열발전소의 63회 유발지진 발생 사실을 까맣게 몰랐던 포항시민이 그것을 알게 된 계기는, 포항과 인연이 없는 국민의당 윤영일 의원이 2017년 11월 28일 산업통상자원부로부터 관련 자료를 받아내 공개했을 때였습니다. 저희는 그 충격을 잊을 수 없습니다. 공무원이 어떻게 그 엄청난 사실들을 철저히 은폐해왔단 말인가? 도저히 이해할 수 없었습니다. 2017년 4월 15일 발생한 규모 3.1지진도 '포항지열발전소 유발지진'이라 공지되지 않았습니다.

산업통상자원부와 포항지열발전 업체 넥스지오는 처음에 유발지진이 몇 차례 발생한 시점에서 당연히 그것을 포항시민에게 공개하고 올바른 대책을 세우는 일에 돌입했어야 했습니다. 더구나 그들은 포항시민이 몰랐던 '스위스의 지열발전과 유발지진 및 주민피해 발생, 공사중단과 원상복구'를 비롯해 해외 사례들을 다 꿰차고 있었습니다. 그럼에도 불구하고 유발지진 발생을 철저히 숨기는 가운데 시험가동을 계속했고 유발지진은 계속 발생했습니다. 이 어찌 대형 참사를 불러들이기로 작정한 사람들이라고 비난하지 않을 수 있겠습니까?

제천과 밀양의 화재참사가 우리 국민과 정부를 비통하게 만들었습니다만, '포항지열발전소 63회 유발지진 은폐'에 대해 대통령님께서는 경악과 분노를 금할 수 있으십니까? 업체는 장사꾼이라 치더라도, 산업부 등 관계당국은 왜 그랬단 말입니까? 포항 강진 발생 후에도 천연덕스레 은폐해오다 국회의원의 요청에 그제야 마지못해 관련 자료를 내놓았으니, 이것은 직무유기를 넘어 국민기망(欺罔)이라 해야지 않겠습니까? 설령 그 과오를 약하게 다뤄서 '행정편의주의'와 '관료주의'

라 규정하더라도, 이거야말로 우리나라의 밝은 미래를 위해 반드시 청산해야하는 '적폐'가 아니겠습니까?

대한민국 헌법 제7조 1항은 "공무원은 국민 전체에 대한 봉사자이며 국민에 대하여 책임을 진다"고 천명하고, 이에 근거해 관계당국은 태풍이나 산불 같은 공공적 위험에 대한 예방 공지에도 적극 나서고 있습니다. 그렇다면 국가정책으로 건설해온 포항지열발전소의 유발지진 발생에 대한 위험공지와 대책협의는 관계당국의 책무에서 제외될 수 있는 것입니까? 산업부의 은폐책임에 대한 경중을 재자면 '박근혜 정부'의 산업부 장관에게 훨씬 더 무거운 책임이 돌아가지만, 2017년 7월 21일 임명된 '문재인 정부'의 산업부 장관에게도 책임은 없지 않습니다.

이 편지를 드리는 저희도 포항시민으로서 책임을 통감하고 있습니다. 그것은 '지열발전과 유발지진'에 대해 제때 공부하지 않았던 '무지'에 대한 책임이며, 그 무지의 상태에서 지열발전소는 포항의 미래를 위해 '아주 좋은 산업'이라는 포항시의 홍보만 믿었던 '무관심'에 대한 책임입니다.

포항시는 포항지열발전소 현장관리 관청으로서 어떤 책임이 있을 것입니다. 포항시가 "포항지진과 포항지열발전소의 연관성 조사 결과에 문제가 나온다면, 강력한 법적 대응을 하겠다"고 밝혀놓았습니다만, 저희는 63회 유발지진 발생에 대해 포항시가 일반시민처럼 몰랐다고 한다면 그 '무능'에 대해 비판하고 진작부터 알았음에도 공지하지 않았다면 그 '직무유기'에 대해 책임을 묻겠습니다. 다만, 산업부가 관련 자료들을 남김없이 공개할 때까지는 정확한 판단을 유보할 수밖에 없습니다.

포항지열발전소는 청정에너지 생산이라는 좋은 뜻으로 출발했습니다. 그러나 좋은 뜻이 나쁜 결과를 낳을 수도 있습니다. 문제의 핵심은 그 과정 아니겠습니까? 포항지열발전소의 경우는, 해외 유사 사례들을 알고 있었음에도 '아주 나쁜 결과'에 대한 63회의 경종을 관계 당국이 철저히 은폐했다는 그 과정의 불의(不義)를 묵과할 수 없습니다. 그 불의가 좋은 뜻을 비극적 파국으로 몰아갔습니다. 이제 좋은 뜻은 흔적도 없이 사라졌습니다. '이명박 정부'에서 "불행의 씨앗"이 뿌려졌고 '박근혜 정부'에서 "불행의 나무"로 자라났는데 '문재인 정부'도 그것을 "불행의 경고"로 보지 못했다는 원망만 남았습니다. 백운규 산업부 장관은 비록 늦게 알았더라도 2017년 8월에는 '유발지진' 자료들을 공개하고 주민참여의 숙의민주주의 마당을 마련했어야 옳지 않았겠습니까? 그리고 산업부가 보유한 관련 자료들은 더 이상 비밀의 비공개 문서로 존재해서는 안 된다고 생각합니다. 저희가 국회에 국정조사를 청원해야 하는 일은 아니지 않겠습니까?

존경하는 문재인 대통령님.

포항 강진은 아주 짧은 치열한 전쟁처럼 지나갔습니다. 그러나 고통과 피해는 전쟁과 마찬가지로 사회적인 동시에 개인적이고 가족적인 것으로 남아 있습니다. 삶이 파괴된 이웃들도 많습니다. 재산이나 신체의 피해를 당하지 않은 시민들도 침대만 조금 흔들려도 지진인가 하고 가슴을 쓸어내리는 트라우마에 시달리고 있습니다.

오늘 저희는 청원 여섯 가지로 편지를 마무리하겠습니다. 부디 대통령님께서 행정명령으로 이뤄주시기를 청원합니다.

첫째, 산업통상자원부가 포항지열발전소의 '63회 유발지진들'에 대한 모든 관련 자료들을 남김없이 즉각 포항시민들에게 공개하도록 해주십시오.

둘째, 스위스 등 해외 유사 사례들을 알았음에도 불구하고 포항지열발전소의 '63회 유발지진들'을 철저히 은폐해온 책임자와 관련자를 엄중히 문책해주시고, 그들이 이제라도 지진피해 주민들에게 진심으로 사과하도록 해주십시오.

셋째, 이러한 은폐와 기망이 다시는 우리나라 관청에서 일어나지 않도록 제도를 혁신해주십시오.

넷째, '포항 강진과 포항지열발전소의 연관성'에 대한 조사단의 활동은 한국 지질학의 발전을 위해서라도 정직하고 투명하게 실시해야 하겠습니다만. 그 결과는 '아주 높다'에서부터 '거의 없다'까지의 어느 지점에 머물 것으로 예단할 수 있고, 포항시민은 이미 지열발전을 재앙의 근원으로 믿고 있으니 포항지열발전소 공사를 영구 중단하고 하루빨리 시추공을 원상 복구하도록 해주십시오.

다섯째, 대통령님을 비롯해 국무총리님, 행안부 장관님께서 포항 지진피해 현장을 방문하셨을 때의 그 마음과 그 약속을 실천하시는 뜻에서도 피해복구 현황에 깊은 관심을 기울여주시고 더 적극적인 지원이 이뤄질 수 있도록 독려해주십시오.

여섯째, '63회 유발지진 은폐 실상과 포항 강진의 연관성'에 대한 조사를 기다릴 여유도 없이 공포심과 절망감에 휩싸여 흥해읍을 떠나가는 주민이 많다는 상황을 직시하셔서 국가정책으로 추진된 '지열발전소 프로젝트'를 대체할 21세기형 유망산업을 통치 차원에서 흥해읍에 우선적으로 보내주십시오.

수능연기 결정에 거듭 진심으로 감사를 드립니다. 그리고 평창겨울올림픽의 빛나는 성공과 함께, 수령 유일체제로 생존해나가는 평양권력자가 북한 참여를 우리 정부에 엄청난 부담으로 되돌려주는 사단을 일으키지 않음으로써 부디 그것이 남북경색을 풀어나갈 실마리가 되고 더 나아가 '북한의 개방체제 연착륙'을 위한 첫 걸음이 되기를, 삼가 우리의 유장한 역사 앞에서 기원합니다.

늘 건강하십시오.

감사합니다.

2018년 2월 6일
'포항지진과 지열발전' 포항시민대회에 참여한
포항시민 일동 드림

An Open Letter and Petition to President Moon Jae-in:

Presented by the 'Victims of the Earthquake in Pohang City'

Dear Mr. President,

On this cold evening with temperature running 10 degrees below, about 300 of us earthquake victims of Pohang City have gathered here in 'Heunghae' Community Welfare Center located in the area hit by the severe earthquake. First of all, we would like to express our sincere gratitude for postponing the college scholastic ability test (su'neung), a decision made for the students and their parents living in Pohang. In addition, we wish from the bottom of our hearts that PyeongChang Winter Olympics will be the most successful sports festival celebrating the world peace.

While preparing for today's meeting, we have reached agreement on two points: one, we should take this opportunity to convey to Mr. President our heart-felt appreciation of the decision to postpone the date of su'neung test for the sake of the student testees and their parents who were in serious shock and pain after the earthquake; the other, "although our meeting is local and relatively small in scale, it is our moral duty as Korean nationals not to convene the meeting during the period of PyeongChang Olympics." The present letter is written based on these two agreements.

We have heard that towards the end of February 2018, the task force currently being formed by 'Moon Administration' will begin its investigation into the "correlations between Pohang Geothermal Power Plant and the powerful earthquake that struck Pohang." We believe that the task force is mainly composed of the experts of scholastic and scientific integrity, who are also capable of running efficient communication channels with the earthquake victims.

Nevertheless, we are now compelled to express our concern about 'one crucial problem' that 'Moon Administration' should have dealt with right after the severe earthquake in November, and yet has been neglecting: the authorities concerned had covered up for as long as 2 years the '63 earthquakes presumed to be induced by Pohang Geothermal Power Plant' that had occurred even before the earthquake of magnitude 5.4 hit Pohang on November 15th 2017. Moreover, the present government has not taken any measures to investigate the cover-up.

There were as many as 63 earthquakes between January 2016 and September 2017, during which time Pohang Geothermal Power Plant experimented on pumping in and draining water through the underground boreholes. However, until the earthquake of magnitude 5.4 devastated Pohang on November 15th 2017, causing the worst earthquake damage throughout the history of the nation, the fact had been completely hidden from the citizens of Pohang. Among the 63 earthquakes were one of magnitude 3.1 and ten of magnitude over 2.0. Considering the fact that those of magnitude below 1.0 were not even included in the statistics, it is not hard to imagine just how many microseismic activities had occurred in the areas near Pohang Geothermal Power Plant, including Heunghae Town, Pohang City. The period of the series of earthquakes, presumed to be induced by the Plant construction and experimental operations, did not even coincide with the time of national turbulence in 2016, since the first Candlelight Vigil in support of the impeachment of then incumbent President Park Geun-hye was held on the 29th of October 2016.

The residents of Heunghae are not to blame for their silence as to the 63 induced earthquakes. The microseismic tremors were hard for them to experience as earthquakes. Furthermore, those tremors occurring after the severe earthquake in Kyong'ju on September 12th 2016 were considered by Heunghae residents as the 'aftershocks of Kyong'ju earthquake,' which has also been confirmed in today's meeting through the testimonies given by those who have experienced the induced earthquakes firsthand. Most vivid and alarming was the testimony given by Mr. Park Rae-geun, a 61-year-old fruit farmer whose orchard was located about 600 meters away from Pohang Geothermal Power Plant. Throughout the period of 3 years, starting from the groundbreaking of the construction of Geothermal Power Plant to the November earthquake, he had to endure all kinds of loud noises including those of water and earth tremors, but he "didn't complain because [he] had been told that it was one of the national key industries. Only after the severe earthquake, [he] realized that those noises and tremors were the warning signs." He went on to say: "Just before the severe earthquake, that is, on the nights of the 13th and 14th of November, [he] heard thundering noises as if gigantic rocks were falling off the roof onto the yard. On the 15th, [he] was sorting the persimmons by size when the severe earthquake hit the place. [He] was so scared that [he] grabbed onto the branches of a persimmon tree, while witnessing the large 30-mal-size (1 mal is about 18 liters) water containers on the ground were rapidly jumping up and down like jiangshi (meaning a 'frozen corpse in Chinese legend that jumps up and down on its feet').” This testimony strongly supports such diagnoses as: “they were induced earthquakes,” “they were the signs of upcoming severe earthquakes,” and “the November earthquake in Pohang was vertical wave, therefore aggravating the devastation.”

Even after the November earthquake, the citizens of Pohang were kept in the dark about the 63 earthquakes very likely induced by Pohang Geothermal Power Plant, until Congressman Yun Yong-il, a member of People's Party (Kuk'mindang) who has no ties with Pohang City, released on November 28th 2017 the relevant material he had obtained from the Ministry of Trade, Industry and Energy. We will never be able to forget the shock we suffered at the time: How is it possible that public servants have completely covered up such formidable facts? It was simply beyond our comprehension. Even the earthquake of magnitude 3.1 that occurred on April 15th 2017 was not publicly announced as one induced by Pohang Geothermal Power Plant.

Both the Ministry of Trade, Industry and Energy (MTIE) and Nexgeo Inc., the enterprise providing engineering services for Pohang Geothermal Power Generation, should have informed the citizens of Pohang of the situation early on after a few induced earthquakes and immediately begun to take appropriate measures to solve the problems. Worst of all, they were well aware of the overseas precedents of the induced earthquake, including the 'geothermal power generation in Switzerland and the consequential earthquakes and damage suffered by the residents; the stoppage of the construction and efforts made to restore the site to its previous state.' Nevertheless, the MTIE and Nexgeo kept the problems secret and continued their experimental operations, even while the induced earthquakes kept occurring one after another. It is only natural to think of them as having been determined to let large-scale disasters happen.

The tragic fires in Je'chon and Mil'yang have filled the hearts of the people and the government with profound sadness. Then, is it not only natural that President Moon should be shocked and infuriated at 'Pohang Geothermal Power Plant's cover-up of the 63 induced earthquakes'? Putting aside Nexgeo as only a profit-seeking business, how can the decisions made by the MTIE and the other authorities concerned be possibly justified? Even after the severe earthquake in Pohang, they shamelessly kept their silence until they reluctantly released the relevant data at the congressman's request. Is this not a deliberate act of deceiving the people, certainly far beyond a case of neglect of duty? Some might say that things of the kind have always been part of the administrative or bureaucratic expediency; nonetheless, is this not one of the deep-rooted evils that must be cleared away in order to make our nation a better place to live?

The Article 7, Paragraph 1 of the Constitution of the Republic of Korea stipulates that "public officials shall be servants of the people and shall be responsible to the people." Based on this, we believe, authorities concerned are actively making precautionary announcements informing the public of such dangers as typhoons, forest fires, etc. If so, the authorities concerned in the construction of Pohang Geothermal Power Plant which is part of the national policies cannot possibly be free from their duty to make precautionary public announcements and deliberations for problem-solving regarding the induced earthquakes. It is true that the better part of the responsibility for the cover-up by the MTIE should go to the Minister in Park Geun-hye Administration; however, it is also true that the Minister in Moon Administration is not free of liability.

We as citizens of Pohang also feel responsible for failing to study in time the subject of 'geothermal power generation and induced earthquakes' as well as for blindly trusting Pohang City's advertisement of the geothermal power plant as a 'very promising industry' that would greatly benefit the city, without giving it a critical consideration.

Pohang City as a government office in charge of the construction site management must accept its share of liability. The City has made it clear that "according to the outcome of the investigation into the correlations between Pohang earthquake and Pohang Geothermal Power Plant, it will respond with strong legal measures." However, we will criticize the City's incompetency if it did not know, like the ordinary citizens, of the 63 induced earthquakes; and we will bring a charge of 'neglect of duty' against the City if it already knew but failed to announce it to the public. For now, however, we have no choice but to reserve our final decisions until the Ministry releases all of the relevant material to the public.

We know that Pohang Geothermal Power Plant set out with

the good intention of creating clean energy. Nevertheless, we also know that good intentions may produce bad results. At the heart of the matter is the steps taken and decisions made in the course of carrying out the project and construction. In the case of Pohang Geothermal Power Plant, the authorities concerned already knew about the similar examples in other countries, and yet decided to completely cover up the 63 warnings against the "very bad results." It is this injustice that must not be overlooked; and this injustice is exactly what had led the good intention to the tragic end. Now, there are no traces of the good intention to be found. A seed of tragedy was sown during Yi Myong-bak Administration and it grew up to be a tree of tragedy in Park Geun-hye Administration. And now we resent Moon Administration's failure to see it as "a warning against a catastrophe." Even if Minister Baek Un-gyu (MTIE) was not informed of it immediately after assuming the office, he should have, at least by August 2017, released the material dealing with the 'induced earthquakes' to the public and provided a democratic forum for the residents to participate in. Further, we believe that the relevant material currently held by the Ministry must not remain classified any longer. We need help since we are not in a position to petition the Congress for an investigation of the national affairs.

Dear President Moon,

Pohang earthquake struck us like a brief yet fierce battle. However, the pain and damage left by the disaster are still with us, as in the aftermath of a war, affecting our social, familial, and personal lives. Many residents find their lives destroyed. Even those without financial or physical damage are suffering from traumatic symptoms, being startled out of sleep at the slightest shaking of their beds.

Today, we would like to conclude this letter with the following 6 items of petition. And we sincerely hope that President Moon grant our requests through administrative orders.

First, the Ministry of Trade, Industry and Energy should immediately release to the citizens of Pohang the entirety of the material related to the '63 earthquakes induced' by Pohang Geothermal Power Plant.

Second, those responsible for covering up the '63 earthquakes induced' by Pohang Geothermal Power Plant, despite their knowledge of the similar cases overseas, and the other interested parties should be sternly reprimanded and should sincerely apologize to the earthquake victims, belated as it may be.

Third, the present system must be reformed so that cover-ups and deceptions will never be repeated in the government offices of our nation.

Fourth, the investigation into the "correlations between the severe earthquake in Pohang and Pohang Geothermal Power Plant" should be conducted honestly and transparently, in fact, for the further development of the field of geology in Korea as well. The findings of the investigation are expected to be somewhere between 'highly likely' and 'almost no likelihood.' The citizens of Pohang firmly believe that geothermal power generation is a cause for disasters, and request that the construction of Pohang Geothermal Power Plant should be stopped for good and the boreholes should be restored to their original state.

Fifth, we understand that President Moon, Prime Minister, and Minster of the Interior and Safety, who visited the earthquake-damaged sites in Pohang, still remember the shock and pain suffered by the victims and the promises they made to help the victims. One way of keeping those promises is to pay close attention to the state of damage restoration and encourage those in charge to provide more active support.

Sixth, without waiting for the outcome of the investigation into the "correlations between the cover-up of the 63 induced earthquakes and the severe earthquake in Pohang," many residents are leaving Heunghae Town, overwhelmed by a sense of despair and fear. Faced with this situation, we earnestly hope that Heunghae Town will be chosen as the primary site for a promising industry of the 21st century that replaces 'the project of geothermal power plant' carried out as part of the national policies.

Once more, we would like to express our sincere gratitude for the decision to delay the su'neung test. We would also like to convey our earnest wish that PyeongChang Winter Olympics will be a great success. Further, standing before the long history of our nation, we pray that the leadership in Pyongyang, which maintains its power through totalitarian despotism and personality cult, will not use the North Korean participation in the Olympics to place a great burden on our government and instead, will use it as an opportunity to resolve the deadlock between the South and the North, and simultaneously as a chance to take the first step towards 'North Korea's soft landing on an open system.'

We wish you good health.

Thank you.

February 6th 2018

Submitted by the citizens of Pohang participating in Pohang Citizens Rally: 'Pohang Earthquake and Geothermal Power Generation'

문재인 대통령께 보내는 공개서한을 영역한 가장 중요한 이유는 정부조사연구단에 합류하게 될 해외 지질전문가들을 비롯한 해외 학자들과 이메일로 공유하기 위한 것이었다

유발지진사태, 포항은 무엇을 할 것인가?

2018년 4월 4일 (사)포항지역사회연구소가 주최한 '유발지진사태, 포항시민은 무엇을 할 것인가?' 포항시민 포럼이 열렸다. 이날 포럼은 임해도 전 포항문화방송 보도국장이 진행을 맡았으며, 배천직(전국재해구호협회, 행정학 박사), 정상모(한동대 교수, 11·15지진지열발전공동연구단장), 김종식(포항시 환동해미래전략본부장), 임재현(포항지역사회연구소 사무국장) 등 4인이 발제에 나섰다. 한편, 이상섭 포항시자원봉사센터 사무국장은 급한 개인 사정으로 직접 발제하지 못한 배천직 박사의 논문을 대신 발표했다.

11·15 포항지진 재해구호 실태와 개선방안

-청와대 국민청원을 중심으로-

배천직(전국재해구호협회, 행정학 박사)

요 약

본 연구에서는 청와대 국민청원홈페이지를 통한 국민청원내용을 통해 11·15 포항지진 재해구호 실태와 개선방안에 대해 알아보았다.

재해구호와 관련된 청원에 따른 개선방안으로는 먼저, 구호소뿐만 아니라 피해지역에 있는 모든 사람들이 심리상담을 받을 수 있도록 해야 한다. 둘째, 반려견도 구호소 생활을 할 수 있는 공간 마련 등의 '구호소 운영 지침(매뉴얼)'을 만들고 이재민들이 효과적으로 도움을 받을 수 있도록 준비해야 한다. 셋째, 지진 피해 신고기간을 여진이 종료될 때까지로 연장하고 적극적인 홍보와 유선으로도 신고할 수 있는 방안을 마련해야 하며, 재해구호기간 또한 연장해야 한다. 넷째, 임대아파트에 거주하는 거주자에게도 의연금을 받을 수 있도록 해야 한다. 다섯째, 재난지원금을 받을 수 있는 부상 정도를 현실에 맞게 낮추며, 재난지원금 지급 금액 또한 현실화해야 한다. 마지막으로 대학생 등록금 지원은 신중하게 검토해야 하며, 재해약자(장애인, 임산부, 노약자, 아동 등)들과 함께 독거노인들에 대한 피해신고나 지원, 대피시킬 수 있는 방법들을 강구해야 한다.

Ⅲ. 국민 청원 및 제안 내용 분석

국민 청원 및 제안 내용 분석은 국민청원홈페이지에서 11·15 포항 지진이 발생한 2017년 11월 15일부터 2018년 2월 28일까지의 국민 청원 및 제안에 올라온 자료들 중 '포항 지진'으로 제목과 내용 등 전체를 검색하여 '포항 지진'과 유의미한 289건을 17개 영역으로 묶어 정리하였다. 참여인원에는 청원인원도 포함시켰다.

지열발전소와 관련된 청원내용에는 지열발전소 및 이산화탄소 저장소 폐쇄, 지열발전소 조사 등의 내용으로 99건의 청원이 있었고 31,941명(66.85%)이 참여했고, 트라우마 관련 청원내용에는 지진트라우마로 주변의 작은 변화에도 힘들어하는 등의 내용으로 12건의 청원과 4,351명(9.11%) 참여, 지진 구호소 관련 청원내용에는 반려견과 함께 할 수 있는 구호소 준비 등의 내용으로 25건의 청원과 3,987명(8.34%), 지진대책 관련된 청원내용에는 지진 관련 대책 정비 등의 내용으로 13건의 청원과 2,012명(4.21%), 피해신고 기간 연장 등의 내용으로 18건의 청원과 1,699명(3.56%), 재난문자 관련 청원내용에는 3G 이하 핸드폰에도 재난문자를 받을 수 있는 등의 내용으로 22건의 청원과 1,027명(2.15%), 안전진단 및 조사 관련 청원내용에는 건물들에 대한 안전점검 및 조사 등의 내용으로 18건의 청원과 978명(2.05%)이 참여했다.

또한 내진설계와 관련된 청원내용에는 내진설계 강화 등의 내용으로 26건의 청원과 817명(1.71%)이 참여했으며, 임대아파트 거주자에 의연금지급에는 5건의 청원과 280명(0.59%), 학교 지원 관련 칭원과 관련된 청원내용에는 9건의 청원과 264명(0.55%), 이재민 지원금과 관련된 청원내용에는 지원대상 범위 확대 등의 내용으로 13건의 청원과 243명(0.51%), 대학생 등록금 지원 반대 청원에는 9건의 청원과 117명(0.24%), 법 개정에는 8건의 청원과 35명(0.07), 교육 훈련 강화 청원에는 7건의 청원과 19명(0.04%), 헬멧 지원 청원에는 3건의 청원과 8명(0.02), 재해약자 구호 청원에는 2건의 청원과 3명(0.01), 기타 복구 시 어린이 보호시설부터 복구 등의 청원내용에 15건의 청원과 47명(0.1%) 참여했다. 포항 지진으로 검색하여 정리한 결과는 〈표 1〉과 같다.

〈표 1〉 포항 지진 검색결과에 따른 정리 현황

일련번	구분	청원건수	참여인원(명)		내용	비고
			명	%		
1	지열발전소	99	31,941	66.85	-지열발전소 및 이산화탄소 저장소 폐쇄, 지열발전소 조사	
2	트라우마	12	4,351	9.11	-지진 트라우마로 주변의 작은 변화에도 힘들어함 등	재해구호
3	지진 구호소	25	3,987	8.34	-반려견과 함께 할 수 있는 구호소 준비 등	재해구호
4	지진대책	13	2,012	4.21	-지진 관련 대책 정비 필요	
5	피해신고 기간 연장	18	1,699	3.56	-피해신고 기간 연장 등	재해구호
6	재난문자	22	1,027	2.15	-2G, 3G 휴대폰도 재난문자 받을 수 있도록	

7	안전진단 및 조사	18	978	2.05	-건물 안전점검 및 조사	
8	내진설계	26	817	1.71	-내진설계 강화	
9	임대아파트 거주자 의연금 지원	5	280	0.59	-임대아파트에 거주자도 의연금을 지원하자	재해구호
10	학교 지원	9	264	0.55	-휴대폰 제출 안하기 등	
11	이재민 지원금 확대	13	243	0.51	-지원대상 범위 확대 등	재해구호
12	대학생 등록금 지원 반대	9	117	0.24	-대학생 등록금 지원 반대	재해구호
13	법 개정	8	35	0.07	-지진 관련법 개정	
14	교육 훈련 강화	7	19	0.04	-교육 훈련 강화	
15	헬멧 지원	3	8	0.02	-지진 대비 헬멧 지원	
16	재해약자 구호	2	3	0.01	-지진대비 대피부터 구호까지 준비	재해구호
17	기타	15	47	0.10	-복구 시 어린이 보호시설부터 복구	
	합계	289	47,781	100		

이중에 재해구호와 관련된 청원은 '트라우마', '지진 구호소', '피해 신고 기간 연장', '임대아파트 거주자 의연금 지원', '이재민 지원금 확대', '대학생 등록금 지원 반대', '재해약자 구호' 등이다. 재해구호와 관련 있는 청원 현황을 정리하면 〈표 2〉와 같다.

<표 2> 재해구호와 관련 청원 현황

일 번	구분	청원 건수	참여인원(명)		내용	비고
			명	%		
1	트라우마	12	4,351	40.75	-지진 트라우마로 주변의 작은 변화에도 힘들어함 등	재해 구호
2	지진 구호소	25	3,987	37.34	-반려견과 함께 할 수 있는 구호소 준비 등	재해 구호
3	피해신고 기간 연장	18	1,699	15.91	-피해신고 연장 등	재해 구호
4	임대아파트 거주자 의연금 지원	5	280	2.62	-임대아파트에 거주자도 의연금을 지원하자	재해 구호
5	이재민 지원금 확대	13	243	2.28	-지원대상 범위 확대 등	재해 구호
6	대학생 등록금 지 원 반대	9	117	1.10	-대학생 등록금 지원 반대	재해 구호
7	재해약자 구호	2	3	0.03	-지진대비 대피부터 구호까지 준비	재해 구호
	합계	82	10,677	100		

　재해구호와 관련된 청원은 '트라우마' 청원이 12건 4,351명(40.75%)이 참여했고, '지진 구호소' 청원이 25건 3,987명(37.34%), '피해신고 기간 연장' 청원이 18건 1,699명(15.91%), '임대아파트 거주자 의연금 지원'이 5건 280명(2.62%), '이재민 지원금 확대'가 13건 243명(2.28%), '대학생 등록금 지원 반대' 9건 117명(1.1%), '재해약자 구호' 2건 3명(0.03%)이 참여했다.

1. 트라우마

트라우마와 관련된 청원내용에는 '지진이 무섭고 항사댐 건설 중지', '지진이 무섭다', '공사 소음 때문에 트라우마 심화', '재난문자 경고음 때문에 트라우마 심화', '지진으로 수험생 불안' 등의 청원이 있었으며, 총 12건의 청원건수로 4,351명이 참여했다.

'지진이 무섭고 항사댐 건설 중지'의 청원건수는 1건으로 4,270명 (95%)이 참여했고, '지진이 무섭다'의 청원건수는 6건으로 참여인원은 53명(1.22%), '공사 소음 때문에 트라우마 심화'의 청원건수는 3건으로 22명(0.51%), '재난문자 경고음 때문에 트라우마 심화'의 청원건수는 1건으로 참여인원 4명(0.09%), '지진으로 수험생 불안'의 청원건수 1건으로 참여인원 2명(0.05%)으로 나타났다. 트라우마 청원 현황은 〈표 3〉과 같다.

〈표 3〉 트라우마 청원 현황

구분	청원건수	참여인원		비고
		명	%	
지진이 무섭고 항사댐 건설 중지	1	4,270	95	
지진이 무섭다	6	53	1.22	
공사 소음 때문에 트라우마 심화	3	22	0.51	
재난문자 경고음 때문에 트라우마 심화	1	4	0.09	
지진으로 수험생 불안	1	2	0.05	
합계	11	4,349	100	

2. 지진 구호소 운영

　지진 구호소 운영과 관련된 청원내용에는 '구호소를 반려견과 함께 이용', '구호소에 텐트나 쉘터 지원', '구호소 장기적 운영', '다양한 시설을 구호소로 운영', '구호소 운영대책 보완', '추운 날씨 대책마련', '수험생용 책상 지원' 등의 청원이 있었으며, 총 25건의 청원건수와 3,987명이 참여했다.

　'구호소를 반려견과 함께 이용'의 청원건수는 8건으로 3,935명 (98.72)이 참여했고, '구호소에 텐트나 쉘터 지원'의 청원건수는 6건으로 참여인원 22명(0.55%), '구호소 장기적 운영'의 청원건수는 3건으로 참여인원 16명(0.4%), '다양한 시설을 구호소로 운영'의 청원건수는 3건으로 참여인원 5명(0.13%), '구호소의 운영대책 보완'의 청원건수는 2건으로 참여인원 5명(0.13%), '추운 날씨 대책 마련'의 청원건수는 2건으로 참여인원 3명(0.08%), '수험생용 책상 지원'의 청원건수는 1건으로 참여인원 1명(0.03%)으로 나타났다.

　지진 구호소 운영 관련된 청원내용과 건수, 참여인원 현황은 〈표 4〉와 같다.

〈표 4〉 지진 구호소 운영 청원 현황

구분	청원건수	참여인원		비고
		명	%	
구호소를 반려견과 함께 이용	8	3,935	98.72	
구호소에 텐트나 쉘터 지원	6	22	0.55	

구호소 장기적 운영	3	16	0.40	
다양한 시설을 구호소로 운영	3	5	0.13	컨테이너, 임시주택, 연수원 등
구호소 운영대책 보완	2	5	0.13	안전한 지역에 구호소 설치 등
추운 날씨 대책 마련	2	3	0.08	
수험생용 책상 지원	1	1	0.03	
합계	24	3,986	100	

3. 피해신고 기간 연장

피해신고 기간 연장과 관련된 청원내용에는 '신고 홍보 부재', '신고 기간 연장', '공무원 안내 소홀', '국가 시스템 오류로 누락', '어르신 신고 못함' 등의 청원이 있었으며, 총 18건의 청원건수와 1,699명이 참여했다.

'신고 홍보 부재'의 청원건수는 3건으로 1,437명(84.78%)이 참여했고, '신고기간 연장'의 청원건수는 12건으로 참여인원 245명(14.45%), '공무원 안내 소홀'의 청원건수는 1건으로 참여인원 8명(0.47%), '국가 시스템 오류로 누락'의 청원건수는 1건으로 참여인원 5명(0.29%), '어르신 신고 못함'의 청원건수는 1건으로 참여인원 4명(0.24%)으로 나타났다. 피해신고 기간 연장 청원 현황은 〈표 5〉와 같다.

〈표 5〉 피해신고 기간 연장 청원 현황

구분	청원건수	참여인원		비고
		명	%	
신고 홍보 부재	3	1,437	84.78	
신고기간 연장	12	245	14.45	
공무원 안내 소홀	1	8	0.47	
국가 시스템 오류로 누락	1	5	0.29	
어르신 신고 못함	1	4	0.24	
합계	17	1,695	100	

4. 임대아파트 거주자 의연금 지원

임대아파트 거주자 의연금 지원의 청원은 5건의 청원과 280명이 참여했다. 임대아파트 거주자 의연금 지원 청원 현황은 〈표 6〉과 같다.

〈표 6〉 임대아파트 거주자 의연금 지원 청원 현황

구분	청원건수	참여인원(명)	비고
임대아파트 거주자도 의연금 지원	5	280	
합계	5	280	

5. 이재민 지원금

이재민 지원금과 관련된 청원내용에는 '재난지원금 및 의연금 관할 기관 감찰', '의연금 재난유형별 지원기준 마련', '지원금 범위 확대', '원룸 세입자도 의연금 수혜 필요', '공실 나온 건물을 이재민들이 입주할 수 있도록 임대료 지원', '의연금 모금 및 사용 공개', '전세금 대출 지원', '정부 지원금액 인상' 등의 청원이 있었으며, 총 13건의 청원 건수와 243명이 참여했다.

〈표 7〉 이재민 지원금 청원 현황

구분	청원 건수	참여인원		비 고
		명	%	
재난지원금 및 의연금 관할 기관 감찰	1	193	79.75	
의연금 재난유형별 지원기준 마련	2	23	9.50	
지원금 범위 확대	4	12	4.96	차량, 사찰, 유치원
원룸 세입자도 의연금 수혜 필요	1	6	2.48	
공실 나온 건물을 이재민들이 입주할 수 있도록 임대료 지원	1	3	1.24	
의연금 모금 및 사용 공개	2	3	1.24	
전세금 대출 지원	1	2	0.83	
정부 지원금액 인상	1	1	0.41	
합계	12	242	100	

'재난지원금 및 의연금 관할 기관 감찰'의 청원건수는 1건으로 193명(79.75%)이 참여했고, '의연금 재난유형별 지원기준 마련'의 청원건

수는 2건으로 참여인원 23명(9.50%), '지원금 범위 확대'의 청원건수
는 4건으로 참여인원 12명(4.96%), '원룸 세입자도 의연금 수혜필요'의
청원건수는 1건으로 참여인원 6명(2.48%)', '공실 나온 건물을 이재민
들이 입주 할 수 있도록 임대료 지원'의 청원건수는 1건으로 참여인
원 3명(1.24%), '의연금 모금 및 사업 공개'의 청원건수는 2건으로 참
여인원은 3명(1.24%), '전세금 대출 지원'의 청원건수는 1건으로 2명
(0.83%), '정부 지원금액 인상'의 청원건수는 1건으로 1명(0.41%)으로
나타났다. 이재민 지원금 청원 현황은 〈표 7〉과 같다.

6. 대학생 등록금 지원 반대

대학생 등록금 지원 반대와 관련된 청원내용에는 '등록금 지원 반
대', '불공평' 등의 청원이 있었으며, 총 9건의 청원건수와 117명이 참
여했다. '등록금 지원 반대'의 청원건수는 6건으로 97명(82.91%)이 참
여했고, '불공평'의 청원건수는 3건으로 참여인원 20명(17.09%)으로
나타났다. 대학생 등록금 지원 반대 청원 현황은 〈표 8〉와 같다.

〈표 8〉 대학생 등록금 지원 반대 청원 현황

구분	청원 건수	참여인원		비고
		명	%	
등록금 지원 반대	6	97	82.91	퍼주기식 등
불공평	3	20	17.09	불공평을 초래
합계	6	117	100	

7. 재해약자 구호

재해약자 구호와 관련된 청원내용에는 '재해약자(장애인, 임산부, 노약자, 아동 등) 구호', '독거노인 구호' 등의 청원이 있었으며, 총 2건의 청원건수와 3명이 참여했다.

'재해약자 구호'의 청원건수는 1건으로 2명(66.67%)이 참여했고, '독거노인 구호'의 청원건수는 1건으로 참여인원 1명(33.33%)으로 나타났다. 재해약자 구호 청원 현황은 〈표 9〉와 같다.

〈표 9〉 재해약자 구호 청원 현황

구분	청원 건수	참여인원(명)		비고
		명	%	
재해약자 구호	1	2	66.67	
독거노인 구호	1	1	33.33	
합계	2	3	100	

이 논문은 지면관계로 요약과 제3장만 옮겨 싣는다.

국회의원회관 2018. 7. 23.

11·15지진 지열발전 공동연구단 포항시민 국회 기자회견문

존경하는 국민 여러분.

오늘 대한민국 민주주의의 1번지인 이 자리에 선 우리는 포항공과대학교와 한동대학교에서 자연과학을 연구하고 미래의 주역인 학생들을 가르치는 학자들입니다.

우리는 또 산업화 시대 한국에 '산업의 쌀'이라 불렸던 철강을 공급해 '한강의 기적'에 바탕이 되고, '영일만 신화'의 주역인 포항을 대표하는 시민이기도 합니다.

지난해 11월 15일 포항의 52만 시민들은 대한민국 지진 관측 사상 유례 없는 피해를 초래한 규모 5.4의 강진을 경험했습니다.

바로 엊그제 같았던 지난 8개월 전 5.4 본진 이래 우리 포항시민들은 앞으로 4개월 뒤면 악몽 같았던 지진 발생 1주년을 맞게 됩니다.

그동안 포항이 입은 확인된 피해는 중경상 160여명에다 재산피해만 850억여원이며 최대 3천억 이상에 이를 것이라는 산정결과도 나오고 있습니다.

존경하는 국민 여러분.

올해 우리나라는 기록적인 무더위에 시달리고 있습니다. 이 날씨에 포항의 진앙지 인근인 흥해읍 실내체육관에는 아직도 100여 가족, 224명의 주민이 정든 보금자리로 돌아가지 못한 채 불편한 이재민 생활을 이어 가고 있습니다. 하지만 이 무더위와 이재민의 신세보다 포항시민들을 더 힘들게 하는 것은 포항의 지진 공포가 언제까지 이어질지 기약이 없다는 사실입니다.

뿐만 아니라 포항을 위험 재난지역으로 보는 국내외의 불안한 눈길과 그로 인한 지역경기 위축으로 인해 지금 도시 전체는 위기감에 빠져 있습니다. 우리 포항시민이 정부에 대해 포항지진의 원인을 철저하고 공정하게 규명해 줄 것을 요구하는 이유는 바로 이 때문입니다.

우리 포항시민들은 부끄럽게도 바로 도심 인근에 건설돼온 지열발전소가 포항지진의 직접적인 유발원인이 될 줄은 까마득히 몰랐습니다.

정부는 지난 2000년 이후 지열발전사업에 대해 그 소재지인 포항시민에게 친환경적인 첨단발전시설로만 홍보해왔습니다.

스위스 바젤과 독일 등지의 이미 수많은 지진 발생 사례로 인해 세계 학계와 업계에 상식이 돼버린 지진 유발의 어떤 위험성도 알리지 않았습니다.

심지어 정부와 시행사 측은 지난 2016년 1월부터 2017년 11월 5.4 지진 발생 직전까지 발전소 인근에서 규모 2.0 이상을 포함해 무려 63회의 사전 지진이 발생했는데도 은폐했습니다.

국내는 물론 세계 각국의 전문가들이 지열발전소가 지하에 초고압의 물을 분사하는 과정에서 단층을 건드리면 지진이 발생한다는 사실을 경고해왔는데도 말입니다.

존경하는 국민 여러분.

전 세계에서 가장 권위 있는 학술저널인 '사이언스'지에는 지난 4월 말 국내외 학자들의 놀라운 논문이 실렸습니다.

포항지진의 발생 지점이 지열발전소가 물 주입을 위해 지하 4.5km 지점까지 굴착한 파이프의 끝 지점 바로 아래라는 사실입니다.

이런 권위 있는 과학적 근거 앞에서 우리 포항시민들이 포항지진이 유발됐다는 사실을 어떻게 믿지 않을 수가 있겠습니까?

지진 피해를 당한 답답한 심정에 지진의 원인을 지열발전소라고 그냥 믿고 싶은 게 아니라 마치 양파를 까듯 새로운 근거가 나오는 현실에서 믿을 수밖에 없는 건 당연한 결과입니다.

상식적으로 따지자면 포항시민은 당장 정부를 성토하고 지열발전소로 몰려가서 물리력을 행사하는 것이 수순이었을 것입니다.

하지만 우리 포항시민들은 오히려 감정을 억누른 채 지진의 원인을 규명하겠다는 정부를 믿고 성숙한 시민의식을 보여왔습니다.

특히 지난 4월에는 시민들이 자발적으로 포항공대와 한동대의 교수, 법률가들과 함께 공동연구단을 결성해 정부연구단과 별도로 지진의 원인을 연구하고 있습니다.

이는 국내 재난사상 피해지역 주민들이 사회적 재난이 의심되고 있는 상황에서 범시민적 연구협의체를 구성해 합리적으로 대응하는 첫 사례가 될 것입니다.

우리 공동연구단을 비롯한 포항시민들은 그간의 시민의식을 발휘해 내년초 예정된 정부 연구단의 조사결과와 정부의 후속대책을 인내심 있게 기다리겠습니다.

존경하는 국민 여러분.

이러한 포항시민들의 인내와 시민의식에도 불구하고 최근 정부 일각에서 벌어지고 있는 일련의 일들은 책임 및 해결의지는 물론 원인 조사의 예상 결과까지 의심케 하고 있습니다.

한국지질자원연구원은 한 달 전 『일반인을 위한 한반도 동남권 지진』이라는 보고서를 펴냈습니다. 주요 내용은 포항에 규모 5.0 이상의 지진이 났으니 6.0 이상의 지진도 충분히 예상된다는 것이 골자였습니다.

포항지진의 원인에 대해 시민들이 극도로 긴장하고 국내외 학계가 유발지진의 근거들을 내놓고 있는데도 지열발전소에 대해서는 단 한 줄의 언급도 없었습니다.

위 연구원은 이것도 모자라 국민의 혈세를 들여 전국의 학교와 기관에 자료집을 무료 배포하겠다고 대대적으로 홍보하기까지 했습니다.

우리 포항시민들이 이같은 처사를 그냥 넘어갈 수 없는 이유는 한국지질자원연구원이 포항지열발전 사업에 초기부터 관여해온, 문제의 한 당사자이기 때문입니다.

이번 일은 한 도시에 회복하기 힘든 재난상황이 발생했는데도 책임 소재를 규명해야 할 정부기관이 시민을 우롱하자는 듯이 나선, 도저히 해서는 안 될 후안무치한 폭거라고 규정합니다.

따라서 우리는 오늘 이 시간 이후 지열발전소의 유발 근거를 비롯해 포항지진의 원인을 왜곡하고 진실을 호도하려는 어떠한 시도와 음모에 대해 절대로 좌시하지 않겠다는 뜻을 밝힙니다.

존경하는 국민 여러분.

포항지진은 시민들에게 많은 피해를 주고 있지만 그 희생의 결과가 한국사회 전체에는 그동안 경험해보지 못한 새로운 형태로 사회적 재난의 위험성을 경고하고 있습니다.

바로 지열발전소처럼 친환경에너지생산이라는 미명으로 포장된 첨단과학기술이 어떻게 자연재난처럼 보이는 대재앙을 일으킬 수 있는지를 우리는 확인하고 있습니다.

경제를 위해 앞만 보고 달려온 한국은 삼풍백화점과 성수대교의 붕괴에 이어 세월호를 지나 지난 한해 연달아 터진 제천과 밀양의 화재참사, 그리고 불과 며칠전 포항 마린원헬기추락사고 등 그야말로 재난공화국이었습니다.

그리고 이제 지열발전소에 의한 포항지진 유발논란에 이르면서 첨단과학기술에 의한 '신종 위험사회 한국'이라는 새로운 재난의 도전을 받고 있습니다.

개인과 국가의 안전불감증이 반복되는 나라, 재난의 뼈아픈 경험을 망각하고 그 위에서 잠자는 국민에게 안전한 가정과 사회는 결코 보장될 수 없습니다.

국민 여러분께서 재앙의 시련에 고통 받는 포항시민과 유발지진 사태에 대해 원인이 규명되고 해결되는 끝까지 관심과 여론을 모아주시기를 부탁드립니다.

문재인 대통령과 정부에 촉구합니다.

내년 초 예정된 원인 조사발표와 무관하게 정부는 포항지진을 '재난적폐'로 규정해 조사의 객관성과 공정성을 높이고 책임규명에 확고한 의지를 보여줘야 합니다. 지열발전사업은 2000년 전후 시작돼 지난 20여년 동안 추진돼온 만큼 그 책임은 여야 할 것 없이 공동으로 져야 하며 그 해결 노력도 정파를 초월해야 합니다.

촛불혁명의 염원 속에 출범한 문재인 대통령은 취임사에서 새로운 대한민국을 재건하는 비전으로 '기회는 평등, 과정은 공정, 결과는 정의로울 것'이라고 국민과 약속했습니다.

우리 포항시민들에게 이는 지진피해의 억울함을 풀 기회는 평등하고, 그 원인을 규명하는 과정은 공정하며, 그 결과에 따른 조치는 정의로울 것이라는 기대를 갖게 합니다.

문재인 대통령과 정부가 포항시민의 이 기대와 믿음을 받들려면 분명한 의지와 실천 노력을 보여줘야 합니다.

따라서 포항지열발전소는 폐쇄돼야 합니다. 정부는 규모 5.4지진에 앞서 63회의 유발지진 발생 사실을 은폐한 책임을 인정하고 시민들에게 사과해야 합니다. 정부조사단의 공정성과 객관성을 보장하고 원인을 철저하게 규명해야 합니다. 그래서 포항을 일본 고베에 버금가는 재난안전도시로 조성해야 합니다.

국민 여러분, 감사합니다.

중앙일보 2018.4.27

"포항지진 지열발전 탓"… 국가배상 사태 오나

이진한 고려대 교수 '사이언스'에 발표

지난해 11월 발생한 규모 5.4의 포항 지진이 지열 발전소 때문이라는 일부 주장이 국제학계에서 받아들여져 파장이 예상된다. 국제 학술지 '사이언스'는 이진한 고려대 지구환경과학과 교수팀의 연구 논문 '2017년 포항지진의 유발지진 여부 조사'를 27일(한국시간) 게재했다. 포항 지진이 지열 발전소 때문이란 걸 과학적으로 입증했다는 의미다.

지열 발전은 산업통상자원부가 민간기업 넥스지오에 의뢰해 진행한 'MW(메가와트)급 지열 발전 상용화 기술개발' 국가 R&D 프로젝트다. 섭씨 최고 170도에 이르는 포항 흥해읍 지하 4㎞ 아래의 열을 이용해 전기를 생산하자는 것으로, 화산지대가 아닌 곳에서의 지열 발전 이용은 포항이 아시아 최초다. 아이슬랜드나 일본의 경우 화산지대가 많아 지하 4㎞ 이상의 심부(深部) 지열이 아닌 천부(淺部) 지열을 이용하고 있다. 지열 발전에 따른 지진 가능성은 심부 지열 방식이 더 크다. 이 교수의 연구결과처럼 포항지진의 원인이 지열 발전인 것으로 최종 결론이 난다면 정부 차원의 피해보상이 불가피해질 것으로 보인다. 중앙재난안전대책본부에 따르면 포항지진으로 인한 시설물 피해는 총 2만7317건이며, 피해액은 551억원에 이른다.

암반에 고압 물 주입, 유발지진 발생

이진한 교수 연구팀은 논문에서 포항 지진이 지열 발전으로 인한 유발 지진이라는 주장의 근거로 ▶발전소의 물 주입 시점과 지진발생이 일치했고 ▶지진의 진앙이 물 주입지점 근처로 몰려있으며 ▶진원의 깊이가 일반적 자연지진보다 얕고, 물 주입 깊이와 일치했다는 점을 들었다. 또 물 주입점 근처에 단층이 있는 것이 확인됐다는 점도 중요하다고 밝혔다.

이는 지진 연구로 저명한 미국 텍사스 오스틴대학의 지진학자인 클리프 플로리치 교수가 만든 '유발지진 감별 방법' 다섯 가지 중 네 가지에 해당한다. 이 교수는 "다섯 번째 유발지진 감별방법은 해당 지역에 유발 지진이 있었다고 믿을 만한 연구논문이 있었는지의 여부인데, 이번 연구를 통해 포항지진이 다섯 가지 감별방법에 모두 부합하게 됐다"며 "따라서 포항지진은 거의 확실한 유발 지진이라고 할 수 있다"고 말했다.

일반적으로 지열 발전이나 셰일가스를 생산할 때 지하 암반 틈새에 고압의 물을 집어넣는 수압 파쇄 방법을 쓴다. 이때 높아진 수압으로 지층이 흔들리면서 유발 지진이 발생할 수 있다. 하지만 지금까지 지하 4㎞ 이상의 심부 지열 발전에는 규모 3.5 이상의 유발 지진은 발생하지 않는다는 것이 학계의 상식이었다. 또 전 세계적으로 통용되는 이론과 사례를 보더라도 규모 5.4의 지진이 발생하기 위해서는 포항에 주입된 물양의 약 800배가 필요하다.

그러나 이진한 교수팀의 이번 연구는 포항 지열 발전소와 같은 방법에 의해서도 규모 5 이상의 지진이 발생할 수 있으며, 그간 학계에서 통용된 지진 규모와 물 주입량 관계식 법칙이 틀릴 수 있음을 입증한 것이어서 파장이 예상된다.

물 주입 시간과 지진 발생 일치

또 이와는 별도로 이번 호 사이언스에는 스위스 취리히 공과대학의 위머 교수팀이 지진자료와 인공위성 레이더 원격탐사 자료를 이용해 역시 포항지진이 유발 지진일 가능성이 크다는 주장을 제시한 논문이 함께 실려 관심을 끌고 있다.

이 교수는 지난해 11월 지진 발생 직후 언론을 통해 "포항지진은 인근 지열 발전소로 인한 유발 지진일 가능성이 크다"고 주장했다. 이 교수는 당시 원자력안전위원회의 국책과제로 경주 지진의 원인분석 연구를 진행 중이었다. 이 교수는 "지열 발전을 하는 포항 지역에서 소규모 지진이 자주 발생해 경주 지진의 영향일 가능성을 검증하기 위해 발전소 주변에 지진계 8대를 설치했는데, 5일 뒤 실제로 지열 발전 지역에서 지진이 일어나서 그런 주장을 하게 됐다"고 말했다.

하지만 국내 학계에서는 이 교수의 사이언스 논문 내용에 대해 유보적인 입장이다. 지난달부터 포항지진과 지열 발전의 관계를 파악하기 위한 정밀조사단을 이끌고 있는 서울대 이강근 지구환경과학부 교수는 "지진 진원의 위치가 지열 발전을 위한 물 주입 구간의 위치와 가깝다는 사실 등으로 볼 때 지열 발전과 포항지진이 관련이 있을 가능성을 부인할 수는 없다"면서도 "정량적으로 명확하게 연관성을 밝히기 위해서는 지진이 발생한 지점의 땅속 응력 형성 등에 대한 증거가 제시되어야 한다 "고 말했다.

국내 학계선 이 교수 논문에 유보적

정밀조사단은 내년 2월까지 1년간의 조사기간 동안 조사와 연구를 진행해 지진 발생의 원인에 대해 최종 결론을 낼 계획이다. 또 그간 포항지진은 경주지진의 여파라고 주장해온 홍태경 연세대 지구시스템

과학과 교수는 "사이언스에 실린 이진한 교수의 논문은 존중하지만 나는 포항지진에 대한 다른 연구결과를 가지고 논문을 준비하고 있다"고 말했다.

이에 대해 이진한 고려대 교수는 "이번 기회에 포항 지열 발전소와 관련한 자세한 자료를 다 공개해 가능한 모든 사람이 연구하고 논쟁하는 과정에서 답을 찾을 수 있도록 해야 한다"며 "혼란방지를 이유로 조사단에만 관련 자료를 제공하고 있는데 이미 스위스와 독일 등 외국에서도 관련 논문에 쏟아져 나오는 상황에서 데이터의 비밀유지는 아무런 의미가 없다"고 말했다.

포항 지진이 지열 발전 때문이라는 최종 결론이 날 경우 대표적 신재생에너지 중 하나로 주목받고 있는 지열 발전이 어려워질 수도 있다. 실제로 이 교수가 지난해 11월 포항 지진 당시 언론에 나와 지열 발전소 외에도 이산화탄소 저장을 위해 포항 앞바다 퇴적층 암반을 뚫을 때도 지진을 유발할 수도 있다고 발언한 직후, 해당 프로젝트가 무산된 사례가 있다. 이 교수는 이후 학계는 물론 환경단체로부터도 '원전 마피아가 음모를 꾸미고 있다'는 등의 비난을 받았다. 이 교수는 "지열 발전이든 이산화탄소 저장이든 과학적으로 위험한지 여부를 검토하지도 않고 곧바로 그만두는 것은 정말 아니다"라며 "이번을 계기로 제대로 조사해서 안전하게 할 수 있는 방법을 찾아내야 한다"고 말했다.

"포항지진은 지열발전 시추·물 주입에 의한 유발지진"

한국 이진한·김광희·김영희 교수팀 과학저널 〈사이언스〉 논문 게재
"유발지진 진단 요소 4가지 일치해 지열발전이 지진 원인 거의 확실"
스위스·독일·영국팀도 비슷한 결론
학계 자연지진 vs 유발지진 논란 재점화 정부연구단 "직접 증거 확증연구 필요"

지난해 11월15일 발생한 규모 5.4의 포항지진은 지열발전을 위한 시추와 물 주입이 원인으로 분석된다는 국내외 연구팀의 논문 2편이 과학저널 〈사이언스〉에 실렸다.

이진한 고려대 지구환경과학과 교수와 김광희 부산대 지질환경과학과 교수, 김영희 서울대 지구환경과학부 교수 공동연구팀은 26일 "포항지진이 지열발전소의 유체 주입으로 인해 발생한 유발지진이 거의 확실하다는 것을 지진학, 지질학, 지구물리학 증거를 종합해 입증했다"고 밝혔다. 연구팀의 논문은 이 날(현지시각)치 〈사이언스〉 온라인판에 실렸다.

또 스위스 연방공과대학(ETH), 독일 지질연구센터(GFZ), 영국 글래

스고대 등 국제공동연구팀이 별도 연구를 통해 포항지진이 유발지진일 가능성이 높다고 밝힌 논문도 이 날치 〈사이언스〉에 나란히 실렸다.

포항지진은 지난해 11월15일 오후 2시29분 포항시 북구 북쪽 8㎞ 지점에서 발생해 90여명이 부상하고 560억여원이 재산 피해가 났다. 이는 한반도에서 1905년 계기지진 관측을 시작한 이후 피해 규모가 가장 큰 지진이다. 포항지진 진앙 인근에 포항지열발전소가 위치해 지진 발생 직후 지열발전을 위한 물 주입이 지진의 원인이라는 논란이 일었고, 학계에서도 유발지진 여부를 놓고 논쟁이 빚어졌다. 포항지열발전소는 2010년 12월 시작된 신재생에너지개발사업의 하나로 2012년 여름부터 시추 작업을 벌여 두 곳에 주입공을 뚫었다. 포항지열발전소는 인공으로 지열 저류층을 만들어 발전하는 '인공저류지열시스템'(EGS) 방식으로, 2016년 1월부터 지난해 9월까지 1만3천여㎥의 물을 주입하고 다시 5841㎥의 물을 뽑아 올렸다.

한국 연구팀이 포항지진을 유발지진으로 보는 근거는 지열발전을 위한 물 주입 시기와 지진 발생과의 시간차, 주입공 위치와 진원 사이 거리, 주입공 깊이와 진원 깊이, 주입공 위치와 지진을 일으킨 단층 위치의 비교 등이다. 우선 연구팀은 지열발전용 주입공을 시추한 이후 150여 차례의 미소지진이 발생한 데 주목했다. 이 지역은 기상청이 과학적 계기지진 관측을 시작한 1978년부터 2015년까지 규모 2.0

의 지진이 한 건도 발생하지 않았다. 2006~2015년에 규모 1.2~1.9의 지진이 6건 관측됐을 뿐이다. 특히 주입공에 4번에 걸쳐 물을 주입할 때마다 며칠 뒤 미소지진이 발생했다. 물 주입이 끝난 뒤에는 미소지진이 급속하게 줄어들었다.

프로리치 유발지진 진단법*에 의한 포항지진 평가

평가 항목	기준	연구팀 분석	평가
시간(Time)	물 주입~지진 간격	물 주입 뒤 미소지진 발생	○
공간(Space)	주입정~진원 거리 (5km 이내)	주입정과 진원 3km 이내	○
깊이(Depth)	주입정과 진원 깊이	주입정과 진원 모두 5km 안팎	○
단층(Fault)	주입정~단층 거리 (5km 이내)	주입정과 단층 위치 거의 일치	○
논문(Paper)	관련 논문 존재 여부	없음	x

※ 평가 ○ 1점, △0 .5점, × 0점. 평균 1.0점 이하면 자연지진, 1.5~2.0점 유발지진 가능성, 2.5~3.5점 개연성, 4.0~5.0 확실.
* 유발지진 분석 전문가인 클리프 프로리치 미국 텍사스대 교수의 진단법

두번째로 2개의 주입공 위치와 진앙이 매우 가까웠다. 국제공동연구팀이 자체적으로 관측한 자료를 바탕으로 진앙의 위치를 재계산한 결과 본진·여진의 진앙 위치가 지열발전소의 2km 이내에서 발생했다.

한국 연구팀은 또 주입공 깊이와 진원의 깊이가 비슷하다는 점을 유발지진의 증거로 제시했다. 지열발전소 쪽은 각각 4382m와 4348m 깊이의 시추공을 뚫었다. 본진 진원의 깊이는 5km로 주입공 깊이와 거의 같다. 이는 한반도에서 일어나는 지진들의 진원 깊이가

10~20㎞인 것에 비해 상당히 얕은 것이다. 2016년 경주지진의 진원 깊이도 14㎞였다. 국제연구팀도 "2017년 11월15일부터 11월30일 사이에 관측된 본진과 46개 여진은 3~7㎞ 깊이에서 발생한 것으로 이 지역에서 발생한 자연지진에 비해 특이하게 얕다"고 밝혔다.

마지막으로 연구팀이 추정한 지진의 원인 단층이 주입공 하부에 존재하는 것으로 추정됐다는 점이다. 국제연구팀은 위성레이다간섭법(DInSAR·인공위성의 반복 주기를 이용해 대상물의 3차원 정보를 구하는 방법)을 이용해 지표의 변위를 측정해 단층의 위치를 계산한 결과 주입공의 하부에 존재하는 것으로 분석됐다. 한국 연구팀은 물이 단층대에 직접적으로 주입됐을 것으로 추정했다.

이진한 교수는 "유발지진 전문가인 미국 텍사스대의 클리프 프로리치 교수는 2016년 논문에서 유발지진 진단법을 제시했다. 포항지진을 이 진단법에 적용해보면 유발지진임이 거의 확실하다"고 말했다. 프로리치 진단법은 ▲물 주입과 지진 시간 ▲주입정과 진앙 거리 ▲주입정과 진원 깊이 ▲주입정과 단층 위치의 일치 여부와 ▲관련 논문 발표 여부 등 5가지 사항으로 유발지진 여부를 점수화(각 1점)해 총점이 4~5점이면 유발지진이 거의 확실한 것으로 평가하는 방법이다. 이 교수는 "네가지 항목이 모두 1점에 해당하고 이번 논문 발표로 총점이 5가 돼 포항지진은 유발지진이 확실하다"고 말했다. 김광희 교수도 "유발지진의 4가지 증거가 우연히 발생하기는 힘들다. 사이언스 심사위원들이 논문 게재를 채택한 것은 연구팀이 제시된 자료들에 대한 타당성이 확인된 것이라는 의미가 있다"고 말했다.

국제연구팀은 규모 5.4의 본진이 발생하기 7개월 전인 4월15일 규모 3.1의 지진이 발생하고 본진도 마지막 주입·배출 활동이 이뤄진 지 두 달 만에 일어난 점에 대해 "두 지진이 서로 매우 가까운 위치에서 발생했고, 이 지점은 지열발전소와도 인접한 곳이다. 유발지진은 물 주입의 끝난 뒤 며칠에서 몇 달 뒤에 발생할 수 있다"고 밝혔다. 연구팀은 애초 포항지열발전소 건설 당시 별도의 지진측정기(가속도계)를 지열시설 관측정에 설치해 지진을 측정해왔다. 연구팀은 논문에서 "본진이 최대 5㎝의 지표에 변위를 일으켰는데, 지진을 발생시킨 단층은 주입공 바닥 아래를 직접 통과하는 것으로 나타났다"고 밝혔다.

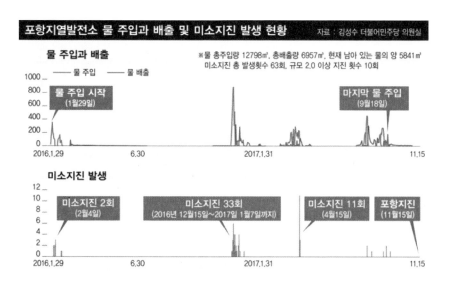

포항지열발전소 물 주입과 배출 및 미소지진 발생 현황　자료 : 김성수 더불어민주당 의원실

물 주입과 배출

※물 총주입량 12798㎥, 총배출량 6957㎥, 현재 남아 있는 물의 양 5841㎥
미소지진 총 발생횟수 63회, 규모 2.0 이상 지진 횟수 10회

— 물 주입　— 물 배출

물 주입 시작
(1월29일)

마지막 물 주입
(9월18일)

2016.1.29　6.30　2017.1.31　11.15

미소지진 발생

미소지진 2회
(2월4일)

미소지진 33회
(2016년 12월15일~2017년 1월7일까지)

미소지진 11회
(4월15일)

포항지진
(11월15일)

2016.1.29　6.30　2017.1.31　11.15

연구팀은 또 2016년 9월12일 발생한 규모 5.8의 경주지진이 포항지진을 일으킨 단층에 미친 응력은 매우 미약한 것(0.0005㎫·메가파스칼·1 파스칼은 1㎡당 1뉴턴의 힘이 작용할 때의 압력)으로 분석했다. 연구팀은 "포항지진이 양산단층의 재활성화에 따른 것으로 분석되지는 않는다. 하지만 포항지진은 양산단층에 0.015의 응력을 미쳐 이 지역의 지진 발생 가능성을 높였다"고 말했다.

두 연구팀의 논문이 포항지진의 원인 규명에 큰 진전을 보인 것으로 평가되지만 논란의 마침표를 찍기에는 부족한 것으로 지적되고 있다. 이강근 서울대 지구환경과학부 교수(대한지질학회장)는 "지열발전과 포항지진의 연관성을 명확하게 판단하기 위해서는 지진이 발생한 지점에 지진을 유발시킬 만한 충분한 공극압과 임계점에 가까운 지중 응력이 형성돼 있었는지에 대한 증거가 제시돼야 한다"고 말했다. 이 교수는 정부가 국내외 전문가로 구성한 '포항지진과 지열발전의 연관성 분석 연구단'의 총괄연구책임을 맡고 있다. 연구단은 내년 3월까지 1년 동안 기상청, 한국지질자원연구원, 지열발전 상용화 기술개발 연구단 등의 지진관련 자료를 바탕으로 지진원을 분석하고 물리탐사와 원격탐사자료 등을 바탕으로 단층의 기하학적 구조를 조사할 계획이다. 이 교수는 "유발지진에 대한 논란은 공식 조사연구단의 직접적이고 정량적인 연구 결과가 나와야 결론을 낼 수 있다. 이를 위해서는 계산하는 자료가 정확해야 한다. 주입공에 센서를 넣어 측정하는 방법을 쓰려 한다"고 말했다. 연구단은 지진이 유발될 수 있다는 우려 때문에 주입공에 물을 주입하는 대신 현재 지하에 남아 있는 물을 빼내면서 자료를 확보한다는 방침이다.

　포항지진이 유발지진으로 확인되면 지열발전에 따른 지진으로는 가장 큰 규모로 기록된다. 지금까지 지열발전에 따른 규모가 가장 큰 유발지진은 2006년 스위스 바젤에서 발생한 규모 3.4의 지진이었다. 이진한 교수는 "지금까지 인공저류지열시스템(EGS) 등 심부 지열발전에는 상대적으로 낮은 수압의 수리자극법을 이용해 규모 3.5 이상의 지진이 발생하지 않는다는 것이 학계의 상식이었다. 하지만 포항지진으로 그동안 학계에서 통용된 지진규모와 물 주입량 관계식이 틀릴 수 있음을 입증됐다"고 말했다. 미국 지질조사국(USGS)의 아서 맥가르는 2014년 논문에서 유체 주입량과 유발지진 규모의 관계식을 제시했는데, 포항지진 정도의 지진이 발생하려면 물을 470만㎥를 주입해야 한다. 이는 포항지열발전소에서 실제 주입한 물보다 810배 많은 양이다. 이 교수는 "응력이 쌓인 단층에 직접적으로 물이 주입되면 이론적으로 예측한 것보다 훨씬 큰 지진이 일어날 수 있다는 것을 보여준다. 지난해 12월 미국 학회에서 맥가르 박사를 만나 얘기했더니 본인도 깜짝 놀라면서 계산식을 다시 만들어야겠다고 얘기했다"고 말했다.

경향신문 사설 2019. 3. 23
포항 지진, 진실규명과 치유가 우선이다

　포항 지진이 정부 잘못 때문이라는 사실이 드러나면서 51만 포항 시민들이 억눌러왔던 울분을 쏟아내고 있다. 범시민대책위원회에는 시민들의 방문과 전화가 쇄도하고 있고, 청와대 게시판에는 진상규명과 책임자 처벌을 원하는 국민청원이 잇따르고 있다. 그도 그럴 것이 지진 발생 이후 포항은 '위험한 도시'라는 인식이 각인됐고, 시민들은 그런 멍에를 짊어진 채 살아왔다. 그런데 지진 원인이 정부 실책 때문이라니 얼마나 황당하고 화가 날 것인가. "정부는 개발을 위해 시민 목숨쯤은 어떻게 되어도 상관없다는 것인가"라고 묻는 시민들의 분노는 당연하다.

　정부와 국회, 국민이 해야 할 일은 명확하다. 포항 시민의 상처를 치유하고, 응원해야 한다. 포스텍 융합문명연구원 자료를 보면, 포항 시민의 80%는 여전히 '정신적 피해'를 호소하고 있고, 42%는 '외상후 스트레스성 장애'를 앓고 있다고 한다. 상당수 주민들은 지금도 살던 집의 붕괴 위험 때문에 '체육관 살이'를 강요당하고 있다. 거리 곳곳의 무너진 건물들은 당시 피해 상황을 증언하고 있다. 정부는 포항시 일대를 특별재난지역으로 선포하고, 주택복구와 시민들의 트라우마 치료 등 피해 수습에 힘을 기울여 왔다. 그러나 이걸로는 부족하다. 정부는 단 한 명의 시민까지 지진으로 고통받지 않도록 치료에 나서야 한다. 피해 건물의 완전한 복구, 보상 배상과 함께 지진 원인도 없애 시민들이 더 이상 불안에 떨지 않도록 해야 한다. 이를 위해서라면 특별법 제정 등 할 수 있는 모든 것을 해야 한다.

진상규명과 책임자 처벌도 반드시 이뤄져야 한다. 지금까지 드러난 사실만 보면, 이명박 정부는 지열발전소의 위험을 알면서도 사업을 강행했고, 박근혜 정부는 지진 유발 가능성에 대한 보고를 받고도 묵살했다. 대규모 지진 발생 전 이를 예고하는 여진이 계속됐는데도 사업을 멈추지 않았다. 개발을 위해 시민 안전에 눈을 감은 것이다. 문재인 대통령은 이번 사태가 과거 정부의 잘못 때문이라 하더라도, 포항 시민들을 찾아 사과하고 위로하길 바란다. 50명이 숨진 뉴질랜드 크라이스트처치 이슬람사원 총격사고 직후 저신다 아던 총리가 '히잡'을 쓰고, 희생자와 유가족의 아픔을 어루만진 장면을 기억해야 한다. 또 자연이 주는 경고도 잊지 말아야 한다. 훼손하지 않았다면, 지진도 없었을 것이다. 그것이 포항 지진이 주는 교훈이다.

한국일보 사실 2019. 3. 21

인재로 드러난 포항지진, 지하 난개발에 대한 경고다

대입 수능시험 연기 사태까지 부른 2017년 11월 포항지진은 인재라는 정부 공식 조사결과가 나왔다. 지열로 물을 데워 만든 증기로 터빈을 돌려 발전하는 지열발전소 건설을 위해 지하 약 4㎞까지 관을 뚫어 물을 주입하는 과정에서 작은 지진들을 일으켜 지하 구조가 변형됐고, 에너지가 점점 커져 단층이 활성화하면서 결국 규모 5.4의 강력한 본진을 '촉발'했다는 것이다. 1년간 연구를 진행한 정부조사연구단은 다만 주입된 물의 양만으로는 규모 5.4 지진의 직접 원인인 '유발'로 볼 수 없어, 간접 영향을 뜻하는 '촉발'이란 단어를 사용했다. "울려는 사람을 찰싹 때리면 울음이 터지는데, 바로 그런 상태의 단층이 조사과정에서 발견됐다"는 비유도 사용했다.

조사결과를 보면 지열발전소가 지하에 물을 주입한 지 수일 뒤 주변에서 미소한 지진이 일어나는 일이 수십 차례나 반복됐다. 그런데도 발전소 측은 별다른 대책도 마련하지 않은 채 계속 대량의 물을 투입해 '촉발 지진'의 직접 원인을 제공했다. 하지만 더 큰 책임은 지진 등 대형 재해에 영향을 미치는 단층들에 대한 정확한 조사 없이 성급하게 지열발전소를 지은 정부에 있다. 지진 다발 지역인 경주·포항 인근에 원전이 밀집해 있는데도 제대로 된 지하 단층 지도조차 아직까지 작성하지 않은 안전 불감증은 고질적 병폐라 할 만하다.

수도권광역급행철도(GTX) 등 수십m 깊이 지하를 개발하는 대형 토목사업이 계속 늘어나는 상황에서 국토 지하에 대한 정확한 정보의 중요성은 더 커질 수밖에 없다. 전문가들은 모든 지하 개발에 앞서 정확한 지질 조사, 지진과 지하수 등 지하의 움직임에 대한 모니터링, 그리고 이 모든 요소가 결합된 영향 평가라는 3단계 사전 작업이 반드시 이뤄져야 한다고 지적한다. 이번 지진이 종전에 발견하지 못한 단층들 때문에 발생한 것이라는 사실 자체가 국내의 관련 조사가 얼마나 허술하게 이뤄졌는지를 보여주는 증거라는 것이다.

정부는 이제라도 현재 건설 중인 광주 지열발전소 주변 단층을 철저히 조사해야 한다. 포항 지열발전소로 인해 뒤틀린 인근 지층의 지진 재발 방지를 위한 대책과 주민 피해 보상안 마련도 서둘러야 한다.

어린이동아 2019. 3. 24

포항지진은 인재였다

동아일보 사설을 어린이의 눈높이에 맞춰 쓴 '눈높이 사설'이 월, 수, 금 실립니다. 사설 속 배경지식을 익히고 핵심 내용을 문단별로 정리하다보면 논리력과 독해력이 키워집니다.

2017년 11월 발생한 포항 지진은 포항지열발전소가 촉발한 것이라고 20일 정부 조사단이 밝혔다. 규모 5.4의 포항지진은 한국에서 본격 관측이 시작된 이후 역대 두 번째였던 만큼 피해도 컸다. 정부가 건설한 포항지열발전소가 원인이었음이 밝혀짐에 따라, 건설 추진 과정과 책임을 따지고 피해보상을 해야 하는 과제가 주어졌다.

포항 지진은 118명의 부상자와 850억 원의 재산 피해, 1800여 명의 이재민을 냈다. 포항 흥해 체육관에는 아직도 90가구, 200여 명이 텐트 생활을 하고 있다. 포항시민 1300여 명은 정부와 주관기관을 상대로 물적 피해와는 별도로 정신적 피해에 대해 1인당 1일 5000 1만 원을 청구하는 손해배상 소송을 제기한 상태다. 앞으로 상황에 따라 소송 규모가 수조 원에 이를 것이라는 예측도 나온다.

이런 재난이 자연재해가 아니라 정부가 추진한 포항지열발전소와 연관이 있다면 국가의 책임이 무겁다. 이 발전소 건설은 2010년 지식경제부(현 산업통상자원부) 국가 연구개발 사업의 하나로 포스코 서울대 등 여러 기관이 참여해 시작됐다. 화산지대 온천수 등을 이용하는 기존 *지열발전과 달리 5km 안팎의 깊은 곳에 인공적으로 물을 주입하는 새로운 방식이어서 아직 도입한 국가가 많지 않다.

현대사회에서 에너지는 필수 요소이기 때문에 정부가 에너지 조달 정책의 하나로 첨단 발전 양식을 실험할 수는 있다. 그러나 이미 2006년 스위스는 바젤지열발전소를 시추한 뒤 6일 만에 규모 3.4의 지진이 발생했고, 이후 수십 차례의 여진이 발생하자 2009년 프로젝트를 취소했다. 한국 정부가 이런 사정을 알면서도 충분한 검토 없이 사업을 추진했다면 "포항시민을 실험대상으로 삼았다"는 주민들의 항의에 할 말이 없을 것이다. 더구나 포항발전소는 시운전 후 2년간 63차례나 지진이 발생했으니 예고된 인재나 다름없다.

어제 산자부는 2023년까지 포항에 2257억 원을 투입해 특별재생사업을 추진하는 한편, 발전소 건설과 부지 선정의 적정성 등을 조사하겠다고 발표했다. 그러나 ⊙'팔은 안으로 굽는다'고, 산자부가 자체 조사를 하도록 해서는 안 된다. 정부가 해외 사례를 알면서도 무리하게 발전소를 추진했는지, 건설과 운영 과정에 부실한 점은 없었는지 ⓒ외부 기관이 조사해 진실을 밝혀야 한다. (동아일보 3월 21일 자 사설 정리)

경북신문 칼럼 2019. 7. 21.

포항지진, 정도감사(正道監査)를 촉구한다

임성남(포항지진범대위 실무지원단장, 경북신문 포항본사 부사장)

감사원이 포항 11·15촉발지진에 대해 감사를 본격화하기 시작했다. 지난주 금요일(19일) 포항시청 간부 공무원 3명이 처음으로 감사원에 소환돼 조사를 받았다. 자료수집 등 예비 감사에서 본 감사로 속도를 내는 것 같다.

앞으로 포항시민들의 눈과 귀는 감사원으로 향할 수밖에 없다. 시민들은 철저한 감사와 함께 가능한 빨리 그 결과를 알고 싶어 한다. 하지만 감사원의 경우 통상 감사 과정을 중간 브리핑 하지 않는다. 업무의 특수성 때문일 것이다.

이 때문에 포항시민들 입장에서는 감사원이 '무엇을', '어떻게', '왜' 감사하는지 알 방법이 없다. 결과만을 기다릴 뿐이다.

감사원 감사는 2군데에서 감사 요청을 해 시작됐다. 하나는 포항지역사회연구소가 2018년 11월 14일 국민감사청구(청구인 임해도)를 한 것이고, 또 하나는 정부조사연구단의 촉발지진 발표(2019. 3. 20.) 5일 뒤인 3월 25일 산업통상자원부가 스스로 공익감사를 요청한 것이다.

피해자인 포항시민들은 지금 감사원 감사를 불안하게 지켜보고 있다. 왜냐하면 과연 시민들의 기대에 부응하는 감사 결과가 나오겠느

냐 하는 의구심을 품고 있기 때문이다. 시민들의 의구심은 다음과 같은 이유에서다.

감사원은 통상 국민감사가 접수된 후 한 달 이내 감사 실시 여부(인용 또는 기각)를 청구인에게 통보한다. 하지만 감사원은 한 달을 훌쩍 넘긴 뒤에야 청구인(임해도)에게 '서면조사 등의 사유'로 감사 연기를 통지했다.

청구인이 감사 실시 통지를 받은 것은 정부조사연구단 발표(3월 20일)보다 한 달이나 지난 4월 하순이었다. 정부조사연구단의 촉발지진 결과가 없었다면 감사원 감사는 아예 기대할 수조차 없었을지 모른다.

2017년 11월 15일 규모 5.4의 본 지진 발생 이후 수많은 언론과 과학계에서 포항지진은 포항지열발전소와 관련이 있다고 대대적으로, 계속해 보도했다. 당연히 국민의 편에 선 감사원이라면 정부조사연구단의 조사 결과에 관계없이 감사에 착수했어야 했다.

이것은 산업통상자원부가 정부조사연구단의 조사 결과 발표 이후 아직도 사과 성명 하나 없는 것과 궤를 같이 한다. 국가의 직접적인 책임이 미미하기 때문에 감사원은 '감사(監査)'를, 산업통상자원부는 '사과(謝過)'를 할 필요가 없다는 뜻으로 해석된다. 포항시민이 분노하는 이유다.

다음은 감사원이 현 정부의 눈치를 보지 않을까 우려하고 있다.

각종 언론에도 수없이 보도되었듯이 포항지진은 이명박-박근혜-문재인 정부 모두에게 그 책임이 있다. 부지 및 업자 선정 과정에서부터 충분히 예방 가능 했음에도 엄청난 피해로 이어지게 된 데에는 특정

성부의 책임에 국한되지 않는다. 특징 징권을 떠나 철저한 원인 규명과 책임자 처벌이 따라야 한다.

포항시민들이 감사원 감사에 큰 기대를 거는 것은 감사 결과가 매우 중요하기 때문이다. 향후 포항지진 관련 특별법 제정과 그 안에 담길 내용, 민·형사상 소송 등에도 판단 기준이 되기 때문이다.

만약 감사 결과, 국가(정부) 책임이 시민들이 기대했던 것보다 미미하다면 정부와 여당은 당장 어떤 태도를 취할까.

특별법 제정 노력은 물론 특별법 안을 제출해 심의하더라도 피해 구제(배·보상)에 소극적 자세를 취할 게 뻔하다. 특별법에 포항시민들이 기대한 만큼의 충분한 내용이 담기지 못할 가능성이 높다. 정부와 여당이 많은 국가 예산을 들여 배·보상해 주지 않는다는 뜻이다.

감사원 감사 결과는 또 특별법에 담길 진상조사위원회의 진상조사 활동에도 큰 영향을 미친다. 피해자에 대한 배·보상 못지않게 중요한 것이 포항지진을 일으킨 사람들에 대한 철저한 진상조사와 함께 책임자 처벌이다.

성윤모 산업통상자원부 장관은 정부조사연구단 발표 이후 국회대정부 질문 답변에서 "사업자 및 부지 선정 과정에 대해 감사원 감사를 요청하겠다"고 밝혔다. 문재인정부 들어서 강행된 지열발전소 물 주입과 사전 통보 등 수많은 의혹 부분은 빠져 있다.

포항시민들이 감사원 감사를 불안하게 바라보는 이유다. 다시 한번 정도감사(正道監査)를 촉구한다.

산업통상자원부는 63회 유발지진 은폐사실에 대하여 그 이유를 솔직히 공개하고 포항시민과 국민 앞에 머리숙여 사과해야 한다

2017년 11월 15일 규모 5.4 포항 강진이 발생했다. 그 지진은 2016년 1월부터 2017년 11월 기간에 국책사업의 하나로 진행된 포항지열발전소에서 발생시켰던 63회 유발지진과 밀접한 상관성이 있을 뿐만 아니라, 더 나아가 그것 때문에 5.4 강진이 초래되었다는 학문적 연구 결과도 발표되었다.

그동안 포항시민은 '문재인 대통령께 드리는 공개서한', 시민단체와 피해주민들의 성명서, 〈11·15지진 지열발전 공동연구단〉의 공문 등을 통해 우리 정부, 특히 산업통상자원부에게 그 63회 유발지진을 은폐한 이유를 공개하라고 요구했다.

그러나 오늘에 이르도록 정부의 어느 기관도 우리의 질문에 대한 아무런 답변이 없었다. 도대체 어느 나라의 어느 국민을 위한 정부인가? 이런 자탄의 질문을 지금 우리는 허탈한 심정으로 되뇌며 기다릴 만큼 기다렸고 참을 만큼 참았다는 판단을 세우게 된다.

이세라도 산업동상자원부는 63회 유발지진 은폐사실에 대하여 그 이유를 솔직히 공개하고 포항시민과 국민 앞에 머리숙여 사죄해야 한다는 것을, 포항시민은 강력히 요구한다. 이것은 행정편의주의와 행정제일주의라는 공직사회의 오랜 적폐를 청산하는 개혁의 하나라는 사실을, 우리 포항시민은 강력히 주장한다.

이에 오늘 우리 포항시민은 대한민국 헌법 제 7조 1항에 의거하여 2016년 1월부터 2017년 11월 기간에 재직한 산업통상자원부 전·현 장관과 관련 공무원을 상대로 직무유기 및 직무태만, 업무상 중과실 치상 등에 대한 형사적 책임과 재산피해에 대한 민사적 책임 추궁을 적극적으로 검토·추진할 것임을 결의하고 천명한다.

2018년 9월 5일
'지열발전과 포항지진' 진상규명 및 대응을 위한
포항시민대책위원회

63회 유발지진 은폐 등에 대한 국민감사청구 청원서

감사청구이유의 요지

1) 산업통상자원부가 외국에서 개발한 EGS 지열발전 기술을 한국에 처음 적용할 때는 외국 선례들의 유용성뿐만 아니라 수반될 문제와 위험성 및 그 대처방안에 대한 사전조사를 자체 또는 용역으로 반드시 실시했을 것이지만, 포항지열발전소의 경우에 유발지진이 63회나 발생했음에도 불구하고 사전에 인지했던 유발지진 발생의 '문제와 위험성'에 대한 대처방안을 전혀 실행하지 않았으며 오히려 유발지진들의 발생 사실을 철저히 은폐하고 방치함.

2) 2017년 11월 15일 규모 5.4 포항 지진이 발생한 직후에도 유발지진들의 발생 사실을 전혀 모르고 있었던 포항시민은 민주평화당 윤영일 국회의원이 산업통상자원부와 기상청에 관련 자료를 요청해 공지함으로써 최초로 알게 되었으며, 이후 산업통상자원부는 포항시민의 관련 자료 공개 요청을 현재까지도 묵살하고 있음.

3) 지방정부는 중앙정부의 위임을 받아 행정한다는 원칙에 따라 산업통상자원부는 마땅히 포항지열발전소 관할 지방정부인 포항시에게 유발지진 발생 사실들을 통지해야 했음에도 불구하고 왜 한 번도 통지하

239

지 않았는가에 대해 포항시민은 도지히 이해할 수 없고 묵과할 수 없음.

4) 2017년 4월 15일에는 5.4 포항 지진의 진앙지인 포항지열발전소의 바로 그 지점에서 규모 3.1 유발지진이 발생하여 모든 포항시민이 깜짝 놀란 일이 발생했으나 어느 기관에서도 포항지열발전소의 유발 지진임을 공지하지 않았으며, 모든 시민이 2016년 9월 12일에 발생했던 규모 5.6 경주 지진의 '여진'(1년 넘도록 500회 이상 발생)이라고 생각하도록 완전히 기망함.

5) 수능시험까지 긴급 연기시킨 규모 5.4 포항 지진 발생 후 언론은 포항지열발전소에서 용역을 맡긴 중국 업체 유니온 페트로의 지하 생산구 물주입 수압이 규정을 엄청나게 초월한 것으로, 세계 지열발전소들 중 초유의 초고압(프랑스 솔츠 지열발전소의 6배)이었다는 사실을 보도했는데, EGS 지열발전의 유발지진은 물주입 수압과 주입 수량의 수리자극에 의해 촉발되는 것으로 알려져 있음.

이상 5가지 의혹만 통찰해도 포항시민이 짊어진 지진 피해와 고통은 헌법 제7조의 '공무원은 국민 전체에 대한 봉사자이며, 국민에 대하여 책임을 진다'를 위배한 관련 공무원들의 관료우월주의적, 관료 편의주의적 직무유기와 직무태만이 초래한 인재人災에 해당할 것임.

감사청구 이유

안녕하십니까?

상기한 요지의 본건은 관료우월주의적, 관료편의주의적인 직무유기나 직무태만에 의해 국민이 형언하기 어려운 재앙을 당하고 그 극복을 위해 일 년이 넘어도 끝이 보이지 않는 고통을 감당해내고 있는 중대의혹사안에 대한 국민감사청구로서, 그 이유를 상술하겠습니다.

　첫째, 산업통상자원부가 국가에너지정책의 일환으로 외국에서 개발한 EGS 지열발전소를 국내 최초로 포항에 개발하기로 결정한 과정에는 행정의 일반적인 절차를 미뤄볼 때 자체 또는 전문용역을 통해 당연히 외국 선례들(스위스 바젤, 2012년 미국 에너지부)에 대한 조사를 실시했을 것입니다. 그 결과로, EGS 지열발전은 초고압의 물주입과 지하생성 고압증기로 인해 필연적으로 유발지진을 초래할 수밖에 없다는 점, 그 문제와 위험성에 대한 대처방안을 마련해야 하며 그중에는 지역사회와 정보를 공유하고 소통하는 책무가 포함된다는 점을 반드시 인지하게 돼 있었습니다(참고자료 1, 자료집 22-27쪽, 단행본 134-139쪽). 그러나 포항시민은 유발지진들 발생에 대한 어떤 정보도 받거나 듣지 못했습니다. 포항지열발전소에는 2016년 1월부터 2017년 11월 15일까지 미소지진들과 규모 3.1을 포함해 63회의 유발지진이 발생했고, 산업부 등 모든 기관들이 그 사실을 철저히 은폐했습니다. 포항지열발전소 개발업체인 넥스지오에는 지질 전문가들이 있지만 그 회사는 유발지진 발생 사실들을 한국에너지평가연구원에 보고했던 것으로 알려져 있습니다. 넥스지오 → 한국에너지평강연구원 → 산업통상자원부의 계통과 거기에 기상청도 끼어든 그들만의 정보공유가 계속되었다고 볼 수 있을 것입니다. 포항시 공무원은 한 번도 통보

받은 적이 없었다고 하니 포항시도 소외됐던 것으로 추정해볼 따름입니다. 그리고 규모 5.4 강진 후 포항시민이 대통령께 보내는 공개서한, 집회, 성명, 공문을 통해 산업부에 은폐 이유와 유발지진 전모에 대한 정보를 공개하라고 촉구했지만(참고자료 2, 자료집 40쪽과 53쪽) 현재까지도 묵살하고 있습니다. 여기서 주목해야 하는 것은 민주평화당 윤영일 국회의원이 공지한 포항지열발전소 63회 유발지진 발생 지점이 규모 5.4 강진의 진앙지와 완전히 일치하거나 거의 일치한다는 사실입니다.(참고자료 3, 자료집 5쪽)

둘째, 산업통상자원부나 포항지열발전소 업체 넥스지오가 포항지열발전소 개발에서 필히 사전조사와 선례참고로 삼았을 스위스 바젤지열발전소의 유발지진 대응사례와 한국 포항의 유발지진 대응사례가 극명히 대조된다는 점을 지적하지 않을 수 없습니다. 바젤지열발전소의 경우 2006년 12월 8일 시험가동의 고압 물주입 과정에서 규모 2.6 유발지진에 이어 규모 3.4 유발지진이 발생하자 15분 만에 검찰이 현장에 출동해 압수수색을 단행하고 입건했으며 지열발전 시험가동도 중단됐습니다. 이때 유발지진 발생 사실은 대처방안에 따라 정부기관과 언론 등을 통해 즉시 주민에게 공개됐습니다. 검찰의 수사 결과는 지열발전 개발업체가 물주입 압력, 유발지진 대응 등에 대해 규정을 준수했기 때문에 무혐의로 처리되었고, 유발지진에 의한 주민 재산피해는 업체가 미리 가입해놓은 손해배상보험에 따라 원만히 해결되었습니다.(참고자료 4, 자료집 11-15쪽) 그러나 포항지열발전소는 전혀 달랐습니다. 달라도 너무 달랐습니다. 63회나 유발지진이 발생했고 더구나 3.1이 발생하기도 했지만 산업부, 기상청, 포항시 등 어느 관계기관도 그 사실을 시민에게 공지한 사실이 없었습니다. 단 한 번도 없었습니다. 언론에도 전혀 보도되지 않았습니다. 앞서 지적했지만, 학력고사를 연기시켰던 5.4 강진 발생 후에도 산업부나 관계기관은 자발적으로 63회 유발지진을 공개하지 않았습니다.

왜 산업부는 외국 지열발전 개발 과정의 유발지진 발생 선례를 잘 알고 있었음에도 불구하고 포항지열발전소의 63회 유발지진을 철저히 은폐했습니까? 왜 바젤의 경우처럼 유발지진 대처방안을 사전에 만들어 주민과 정보를 공유하고 소통해야 한다는 의무규정을 두지 않았단 말입니까? 아니면, 유발지진 발생의 '문제와 위험성'에 대한 대처방안을 준비해놓고선 주민의 반대를 예상하면서 '별 문제 없겠지' 하고 그냥 덮어두었다는 것입니까? 또한 우리나라 사법당국은 포항시민처럼 사전 정보가 없어서 포항지열발전소 유발지진들에 대하여 모르고 있었다 할지라도 5.4 강진 발생 후 규정 위반의 초고압 물 주입 사실 등이 언론에 보도됐던 시점에서는 인지수사에 나서서 개발업체를 비롯해 산업부 등 관계기관에 대한 압수수색을 단행하는 등 사법적 조치에 나서는 것이 바람직하지 않았겠습니까?

5.4 강진이 발발하고 윤영일 의원의 관련자료 공개 후에나 포항시민의 극소수도 알게 되었지만, 포항지열발전소 업체 넥스지오가 유발지진들의 발생 사실을 은폐했던 속셈에 대해서는 어느 정도 짐작합니다. 2016년 1월부터 물주입 시험가동을 시작했던 넥스지오는 코스닥

상장의 예비 절차도 밟았으니(결국은 사진 철회한 것으로 알려짐), 유발지진들의 발생 사실이 공개되면 인근 주민들의 강한 반대에 부닥칠 것이 명약관화한데 먼저 나서서 자백할 수야 없었을 것입니다.

사정들이 이러하니, 피해 주민들과 포항시민이 우선에 그 진상부터 알고 싶어서 감사원을 신뢰하며 국민감사청구에 나설 수밖에 없는 것입니다.

셋째, 한국 정부의 행정체계는 일반적으로 중앙정부가 행정 업무를 지방정부에 위임하고 이를 지방정부가 수행하는 것으로 알려져 있습니다. 이를 증명해주듯, 2017년 2월 14일 포항시장은 포항지열발전소 현장을 방문해 넥스지오 등 관련자들에게 지원을 공언했으며, 3월 8일에는 포항시의회 의장단이 같은 일을 했습니다. 포항시 홈페이지에는 '지열발전'이 포항의 미래비전이라는 홍보선전도 탑재돼(5.4 강진 발발 후 즉시 소멸) 있었습니다. 물론 포항시민은 그것을 믿었습니다. 그렇다면 산업통상자원부는 포항에 위치한 지열발전소의 63회 유발지진들, 최소한 2017년 4월 15일 규모 3.1 유발지진만이라도 포항시에 통지했어야 마땅한 일이 아니었겠습니까? 포항시민의 집회나 토론회에 참석한 포항시 관련 공무원은 다른 기관으로부터 한 번도 포항지열발전소의 유발지진 발생 사실을 통지받은 적이 없었다고 밝혔습니다. 만약 이것이 사실이라면, 포항시의 '무능'에 대해서는 '무지에 의한 비고의성 직무태만'의 소치라고 할지라도, 산업통상자원부가 포항시민의 권리를 대리하는 '선거로 뽑힌 포항시장과 포항시의회 의장단'

도 완전히 기망했던 것이라 하지 않을 수 없으며, 이거야말로 또 하나의 엄중한 직무유기나 직무태만에 해당할 것입니다. 2017년 4월 15일 규모 3.1 유발지진 발생 당시에 넥스지오와 한국에너지평가연구원은 정보를 공유하고 대책을 논의했던 것으로 알려져 있습니다. 그러나 기상청도 산업부도 포항시도 그 어느 기관도 그것이 포항지열발전소의 유발지진이란 사실을 주민들에게 알리지 않았습니다. 왜 그랬을까요? 다음의 '넷째'에서 말씀드리지만 2016년 9월 12일 발발했던 규모 5.6 경주 지진을 빼놓고는 설명하기 어려워 보입니다. 그 모든 은폐의 진실이 감사원 감사를 통해 분명히 밝혀지기를 기다리겠습니다.

넷째, 산업통상자원부 등 관계기관의 63회 유발지진 은폐에는 2016년 9월 12일 경주에서 규모 5.6 강진이 발생하여 일 년이 경과한 다음에도 계속 이어진 500회 이상의 여진을 악용했을 것이라는 의혹을 지울 수 없습니다. 2016년 1월~ 2017년 11월 기간에 발생한 포항지열발전소 63회 유발지진들의 진앙 위치는 '참고자료 2'와 같이 5.4 지진이 일어난 진앙 위치(북위 36.12, 동경 129.36)와 동일하거나 거의 똑같습니다. 더구나 2017년 4월 15일 11시 31분에 발생했던 규모 3.1의 포항지열발전소 유발지진 진앙 위치는 북위 36.11, 동경 129.36이었습니다. 그때 모든 포항시민이 큰 진동을 느꼈는데, 누구 하나 예외 없이 모두가 이구동성으로 "경주 여진이 왔다"고 말했습니다. 여기에 함정이 있었다는 것을 포항시민은 윤영일 의원에 의해 63회 유발지진 발생 사실을 알게 된 다음에야 깨닫게 되었으니, 그 함정이란 산업부 기상청 한국에너지평가연구원 등 관계기관이 경주 여진을 악용해 포항 지열발전소 유발지진들을 은폐했을 것이라는 의혹입니다. 아무리 늦었더라도 산업부는 그 3.1 유발지진 발생 당시에는 그것을 공지하고 포항시에 통지하여 포항시, 넥스지오, 포항시민 등이 유발지진 정보들을 공유한 가운데 바젤지열발전소의 선례처럼 향후 대책을 수립할 수 있도록 해줘야 했습니다. 그러나 철저히 은폐하고, 더 나아가 경주 지진의 여진으로 인식하게 돼 있다는 점을 악용해 포항시민을 기망했습니다. 특히, 이 점에 대하여 청구인들은 분노를 참기 어렵습니다.

다섯째, 2018년 4월 국제적 권위의 과학저널《사이언스》에 게재된 규모 5.4 포항지진과 포항지열발전소 유발지진들의 상관성을 규명한 두 편의 논문에도 그 진앙 위치에서 반복적으로 진행되었던 수리 자극(주입공 물주입과 생산공의 증기)에 의해 5.4강진이 발생했다는 과학적 근거들이 제시돼 있습니다(참고자료 5, 자료집 90쪽-130쪽 중 특히 108쪽-113쪽의 논문 번역). 그 논문의 부록에서는 2016년 1월부터 발생했던 포항지열발전에 의한 유발지진들이 2016년 9월 12일의 규모 5.6 경주 지진을 자극했을 가능성도 언급했습니다. 그리고 그 논문은, 경주의 규모 5.6 지진을 비롯해 한반도에서 발생했던 대다수 지진들의 진원 깊이가 10~20킬로미터임에 반해 포항지열발전소 유발지진들의 진원 깊이가 4~6킬로미터였고, 규모 5.4 포항 지진의 진원 깊이는 4.5 킬로미터였으며, 이것이 포항지열발전소가 시추한 주입공(지하 4,382미터)과 생산공(지하 4,348미터)의 깊이와 일치한다는 사실을 규명해주고 있습니다(참고자료 6, 자료집 95쪽-98쪽). 이렇게 포항지열발전소 유발지진들과 5.4 포항 지진의 진앙 지점이 일치하고 있음에도 왜 산업부는 현재까지 과오를 시인하는 한마디 사과 발언도 없는 가운데 피해주민들이 소송을 걸어올 것에만 대비하고 있으니(참고자료 7, 관련 기사), 이 어찌 관료우월주의적이고 관료편의주의적인 적반하장에 가까운, 책임회피를 위한 선제적 공무公務라고 개탄하지 않을 수 있겠습니까?

여섯째, 지열발전소에서 생산구로 집어넣은 물주입의 수압이 불안한 지층을 크게 자극했을 가능성을 지적하지 않을 수 없습니다. 넥스지오는 시추 과정에서 파이프가 절단돼 작업을 중단해야 했습니다. 절단된 상태로 지하에 박힌 파이프를 빼내기 위해 약 200톤에 가까운 압력을 가했지만 성공하지 못했습니다. 그래서 중국 전문업체인 유니온페트로에게 남은 시추작업과 수리자극 작업을 맡기게 되었습니다. 유니온페트로가 포항지열발전소 물주입 작업에서 가한 수압세기는 그 회사의 홈페이지에도 나와 있었습니다. 포항과 마찬가지로 비화산 지대 지열발전소인 프랑스 솔츠 지열발전소의 경우는 평균적으로 15㎫ 전후의 수압을 사용했지만, 포항지열발전소에서는 89㎫의 수압이 가해져 솔츠의 6배 수준이었습니다. 89㎫라고 하면 880기압 정도로, TNT 폭약 1,000톤 수준의 파괴력을 가집니다. 일반적으로 지열발전소의 유발지진 촉발 요인은 두 가지인데, 하나는 주입 수량이고, 또 하나는 물주입 압력입니다(참고자료 8, 관련 기사). 이러한 보도와 지열발전소의 두 가지 유발지진 촉발 요인을 감안할 때, 포항지열발소에서는 해외 선험사례나 관련 규정을 무시한 채 얼마나 강력한 수압이 시험적으로 무모하게 사용됐는가(특히 절단된 파이프를 제거하기 위해)에 대한 감사가 이뤄져야 하며, 이에 대한 감독관청의 관리소홀 문제도 명백히 밝혀져야 합니다. 청구인들은 이미 관련 서류들이 어디론가 사라졌을지도 모른다는 우려마저 해보지 않을 수 없습니다.

상기한 감사청구 이유들에 대한 감사원 감사는 포항지열발전 63회 유발지진의 철저한 은폐와 그 전모를 밝혀내는 동시에 우리나라의 오랜 폐단인 관료우월주의와 관료편의주의의 직무유기와 직무태만을 바로잡는 중요한 사례가 될 것으로 생각합니다. '참고자료 2'와 같이 포항시민은 2018년 2월 6일 문재인 대통령께 드리는 공개서한에서도 이 감사청구와 유사한 청원을 담았으며, 성명 집회 공문 등을 통해 산업통상자원부에 관련 자료들을 공개하라고 촉구했습니다. 그러나 아무런 답변이 없습니다. 이렇게 무심한 가운데 주민소송 대응 준비에만 몰두한 산업부의 한심한 고압적 태도는 포항시민을 무시한다는 느낌을 주기에 충분합니다. 포항지열발전소 63회 유발지진 철저 은폐에 대한 산업통상자원부 등 모든 관계 기관들의 책임소재 기간은 유발지진이 발생한 2016년 1월부터 2017년 11월이지만, 감사원 감사는 지열발전소 개발의 기획 단계로까지 거슬러 올라가야 '문제와 위험성에 대한 대응방안'의 유무도 확인이 가능해질 것입니다. 다만, 가장 중요한 사실의 하나는 2017년 4월 15일에 발생했던, 2017년 11월 15일의 5.4 강진과 동일한 진앙 지점인 규모 3.1 유발지진입니다. 한반도

에선 제법 큰 규모로 분리되는 그 3.1 유발지진까지 은폐하여 경주 여진으로 생각하게 만들었던 기망에 대하여 무엇보다도 분노한다는 점을 거듭 밝혀두겠습니다.

규모 5.4 지진의 거대하고 강력한 폭격을 얻어맞은 포항시민은 지난 일 년 동안 다른 지역으로부터 '바보'라는 핀잔을 들어가면서 참을 만큼 참았습니다. 이제 더 이상은 인내하며 기다리고만 있을 수는 없습니다. 그래서 지난 9월 5일에는 포항시민 500여 명이 옥내집회를 통해 '63회 유발지진 은폐, 그 이유, 그 전모, 시험가동 과정의 규정위반 등과 관련해 국책사업 준비와 시행 과정의 직무유기 및 직무태만, 업무상 중과실에 의한 치상 혐의' 등에 대해 사법당국이 책임 추궁에 나서게 할 것을 결의했습니다만(참고자료 9. 관련 기사와 자료집 4쪽), 선후관계로 따져봐서는 가장 급선무가 감사원 국민감사청구를 통해 진상부터 규명하는 것이라는 중론을 모았습니다. 물론 이것은 감사원에 대한 청구인들의 신뢰를 담보한 결정이었습니다.

포항지열발전소 유발지진들이 촉발한 규모 5.4 포항 지진과 여진의 중경상 시민은 160여명, 정부의 중앙재난대책본부가 발표한 재산피해는 약 510억원입니다. 포항시는 약 850억원이라 하고, 3000억원으로 추산한 통계도 있습니다. 트라우마를 호소하고 상담한 정신적 피해자만 해도 1만 명에 이릅니다.(참고자료 10, 자료집 10쪽)
덧붙이자면,『삼국사기』『삼국유사』에도 경주지역의 지진 발생 사실이 기록돼 있습니다만, 63회 유빌지진과 2018년 11월 15일 규모 5.4 지진이 발생한 포항시 북구 흥해읍에는 포항지열발전소 공사 이전에는 단 한 번의 어떤 미소지진 사례도 기록된 적이 없었다는 사실을 밝혀둡니다.

포항시민은 지열발전소의 녹색에너지가 미래비전이라는 중앙정부와 포항시 당국의 홍보만 믿고 63회 유발지진 발생 사실들을 전혀 모르는 상태에서 집이 흔들려도 5.6 경주 지진의 여진인가 하며 태무심하게 지내는 가운데 그렇게 엄청난 재앙을 덮어쓰게 되었습니다. 시민의 잘못이 있다면 당국의 홍보에 어떤 의혹도 보내지 않았던 '무지의 믿음'이라고 할 수 있겠습니다. 시민정신이 부족했거나 지열발전에 무식했다는 따가운 질책을 받아도 할 말이 없는 포항시민의 그 과오를 백 번 시인합니다. 그러나 63회 유발지진 은폐에 대해 어찌 정부 기관과 공공기관으로부터 국민이 기망 당한 사례라고 하지 않을 수 있겠습니까? 어찌 헌법 철학을 위배한 관련 공무원들의 직무유기나 직무태만이 초래한 인재人災라고 하지 않을 수 있겠습니까? 국민감사청구 청원을 받은 감사원이 그 진상을 철저히 밝혀서 알려주시기를 기다리겠습니다.

이 글은 2018년 11월 12일 포항시민 1,821명이 연대 서명하여(대표 청구인 임해도) 청구한 감사원 국민감사청구 청원서의 전문이다. 그때 증거자료로 첨부했던 서류는 여기에 싣지 않는다.

포항 11·15지진 신속한 피해회복을 위한 호소문

존경하는 ○○○ 국회의원님!

지난 11·15포항지진의 피해 극복에 보내주신 많은 관심과 성원에 깊이 감사드립니다. 그러나 2년이 다 되어 가는 지금도 포항지진은 끝난 것이 아니라 포항의 아픔과 고통이 계속되고 있다는 사실을 의원님께 호소 드립니다.

평소 대한민국 산업화를 이끌었다는 자부심을 가지고 있는 우리 포항은 철강산업도시를 넘어 제4차 산업혁명 시대를 선도할 로봇, 바이오 등 신산업육성으로 제2의 도약을 꿈꾸고 있었습니다.

그러나 지난 2017년 11월 15일 발생한 지진은 우리의 기대와 희망을 저버리고 모든 것을 바꾸어 놓았습니다. '수능연기'라는 사상 초유의 사태 속에서 118명의 인명피해와 5만5천 건이 넘는 주택파손으로 1천8백명의 이재민이 발생하는 막대한 피해로 포항시민들의 삶은 뿌리째 흔들리고 있습니다.

땅은 잠시 흔들렸지만, 포항은 많은 것을 잃어버렸습니다. 꿈과 희망을 가지고 찾아오던 많은 기업과 사람들이 지진이 일어난 땅, 포항을 외면하고 있으며, 오히려 불안한 포항을 떠나려고만 합니다.

아직도 많은 시민들이 언제 또 다시 지진이 일어날까하는 두려움에 떨고 있으며, 컨테이너 교실에서 배움을 이어가는 초등학생들과 임시구호소에는 91가구 208명의 피해시민들이 불안정한 생활을 하고 있는 실정입니다.

이러한 속에서도 우리 포항은 '11·15지진'을 자연재해로 여기고, 국가가 책임을 다하고 있다는 생각으로 다시 희망을 찾아 묵묵히 피해복구에만 힘써 왔습니다.

그런데 지난 3월 20일 포항지진이 지열발전사업으로 인한 인재(人災)였다는 정부연구조사단의 결과발표를 접한 순간, 국가는 언제 어디서든 '국민의 안전'을 최우선한다는 믿음이 한순간 깨져버렸습니다. 가장 안타까운 것은 포항지진은 막을 수 있었던 인재(人災)였다는 사실입니다.

존경하는 ○○○ 국회의원님!

우리 포항시민도 대한민국 국민임을 다시 한 번 호소 드립니다.

포항시민들은 11·15지진 이전의 삶으로 돌아가길 희망합니다. 무엇보다 포항지진은 국책사업 추진과정에서 발생한 인재(人災)입니다. 국가가 책임을 다하는 모습으로 조속히 포항시민들의 아픔과 고통을 안아주고 품어주기를 희망합니다.

11·15포항지진으로 지금도 고통 받고 있는 국민들의 아픔을 치유하는 일의 시급성을 중히 여기시고, 진상규명은 물론이고 실질적이고 완전한 피해배상 및 지역재건을 위한 특별법이 지역과 정당을 초월하여 조속히 제정될 수 있도록 힘써 주십시오.

힘겹게 하루하루를 견뎌내고 있는 포항시민들이 힘을 내어 다시 일어설 수 있도록 특단의 대책을 강구해 주시기를 간절히 호소 드립니다.

아울러 우리의 후손들이 다시는 이러한 인위적인 재난에 고통 받지 않도록 힘써 주시기를 부탁드립니다.

2019년 5월 13일

포항11·15지진범시민대책위원회

누가 어떻게 포항지진을 만들고 불러냈나?

ⓒ포항지진촉발진상규명대응시민회의

발행일	2019년 8월 6일 초판 1쇄 발행
펴낸이	김재범
펴낸곳	(주)아시아
편저자	포항지진촉발진상규명대응시민회의
편집	김형욱, 강민영
관리	김주희, 홍희표
출판등록	2006년 1월 27일 제406-2006-000004호
인쇄·제본	굿에그커뮤니케이션
종이	한솔 PNS

전화	02-821-5055
팩스	02-821-5057
주소	경기도 파주시 회동길 445(서울 사무소: 서울시 동작구 서달로 161-1 3층)
이메일	bookasia@hanmail.net
홈페이지	www.bookasia.org
페이스북	www.facebook.com/asiapublishers

ISBN	979-11-5662-414-1 03300

2017년 11월 15일 규모 5.4 포항촉발지진이 발발하고 정확히 2개월 뒤
포항의 한 저널리스트가 '포항지진과 포항EGS지열발전소의 연관성'에
천착한 최초의 종합 보고서를 발간했다.

포항지열발전의 63회 유발지진 은폐 및
포항지진에 대한 최초의 종합 보고서

임재현 지음
232쪽 | 12,000원 | 여우와두루미